不畏浮云遮望眼
西方民主透析

詹得雄 著

辽宁人民出版社

© 詹得雄 2020

图书在版编目（CIP）数据

不畏浮云遮望眼：西方民主透析 / 詹得雄著 . —沈阳：辽宁人民出版社，2020.9
　ISBN 978-7-205-09943-5

　Ⅰ.①不… Ⅱ.①詹… Ⅲ.①民主 - 研究 - 西方国家 Ⅳ.① D082

中国版本图书馆 CIP 数据核字 (2020) 第 162206 号

出版发行：辽宁人民出版社
　　　　地址：沈阳市和平区十一纬路25号　邮编：110003
　　　　电话：024-23284321（邮　购）　024-23284324（发行部）
　　　　传真：024-23284191（发行部）　024-23284304（办公室）
　　　　http://www.lnpph.com.cn

印　　刷：辽宁新华印务有限公司
幅面尺寸：160mm×230mm
印　张：18
字　数：190千字
出版时间：2020年9月第1版
印刷时间：2020年9月第1次印刷
责任编辑：阎伟萍　孙　雯
装帧设计：留白文化
责任校对：吴艳杰
书　　号：ISBN 978-7-205-09943-5

定　价：48.00元

Preface / 序

我1970年到新华社从事国际参考新闻报道工作，开始天天接触外电，遇到的第一件石破天惊的大事，是基辛格秘密访华。当时"文化大革命"还远未结束，西方舆论说尼克松进中南海会见毛泽东是"朝圣"。尼克松有一次竟还帮周恩来脱大衣。当时中国在经济上还是很落后的，但在世界最强大的美国面前竟有如此高昂气象，不由得会想到何谓中国自信，当时油然而生的自豪之情莫可名状。

我开始从事的是翻译工作，常常需要"盯机"，夜深人静的时候一个人盯着美联社、合众社、路透社、法新社等外电不断地从传真机里吐出来，及时加以分类处理。机房很小，但我真切感到自己在面对整个世界。从那时起，我便是国际风云的密切观察者，眼前掠过了冷战博弈、柏林墙倒塌、苏联解体、"历史终结论"、"9·11"事件、阿富汗和伊拉克战争、2008年次贷危机、"颜色革命"、恐怖主义、难民潮、"占领华尔街"……2020年新冠病毒又像催化剂--样在激化百年未遇之大变局，考验着每个国家的政府和人民，令大家交出不同的答卷，而这些答卷正在影响着人类的未来。人们预言疫后的世界将超出人们的想象，人类正站在走向天堂还是地狱的十字路口。

在过去的半个世纪里,东西方关系的一个重要主题就是民主。有少数人幻想"全盘西化",以为西方民主就是解决中国一切问题的灵丹妙药。但这种迷思很快被第一次世界大战的残酷现实粉碎了,像梁启超这样的先觉者也指出此路不通。后来袁世凯先办议会后称帝,更使人明白了许多。

20世纪70年代后半叶,中国人从一场重大失误中走出来。正当大家在反思执行民主集中制中有什么经验教训要总结的时候,也有少数人鼓吹全盘西化,颂扬西方民主。他们得到了大洋彼岸的鼓励和热切期盼,一度声浪嚣嚣,造成不少思想混乱。好在党中央坚定决策:既不走闭关锁国的老路,也不走改旗易帜的邪路,坚定地走中国特色社会主义的光明大道。事实是最有说服力的,今天中国取得的伟大成绩就是对这场思想斗争的最好结论。笔者这些年写的文章,都是引用西方报刊网站上的言论来告诉大家:西方民主并不像你想象的那么美好,它在国内已问题成堆,而一旦强制搬到国外,则灾祸连连,千万不要上当。

感谢出版社为我编辑这本小书,仿佛把我说的话做了个"抖音"。这里编辑的大多是2015年以后的文章,之前的这方面的文章已结集在《冷眼向洋看世界》和《西方民主怎么看》两书中。看了一遍本书初样,觉得自己算是尽到了一名老新闻工作者的责任,做了应该做的事。编书过程中,2020年5月25日美国因警察"跪杀"一名黑人,全国20多个州爆发了"我们不能呼吸"的抗议活动,示威者一度冲进白宫,而特朗普总统竟下令动用军队,此情此景,连我这个连续看世界半个世纪的人也"大跌眼镜"。特朗普口口声声"美国第一","让美国重新伟大起来",没想到美国新冠病毒确诊病例和死亡人数都是世界第一,这在有先进医疗资源的美国实在说不过去。如果"西方民主"真的如此优越,何以国家治理如此失败?真想说:历史没有终结,大家拭目以待吧。

中国人民首先要在久经考验的中国共产党的领导下把自己的事情办好,以人类命运共同体的理念团结全世界人民,去争取人类的美好未来。一个以人工智能、5G、大数据、量子通信和新材料为标志的新世界已经出现在地平线上。我们能不能走好当前的一两步,将决定人类的生存和灭绝。苏格拉底说:"人啊,认识你自己!"中国人一定要用自己的文化和行动为人类树个好榜样,坚持走出一条大家心悦诚服的光明大道来。我们有充分的自信说:我们能够做到!

詹得雄

2020年6月6日

Contents / 目 录

西方民主透视

民主莫被"民主"误	003
西方民主内外交困前途叵测	007
"愤怒很容易,制定战略却很难"	013
——西方的困惑和漫长莫测的前程	
福山担忧西方民主的未来	026
美国是新闻自由还是新闻操控	030
个人主义是至高无上的吗	038
资本主义不再适合当今世界	043
美国的制度是最好的吗	048
美国的民主和美国的枪	052
西方民主还真是一个问题	056
美国民主迷梦的幻灭	061

西方看不懂中国的民主	066
民主没有标准答案	071

所谓普世

替天行道还是霸迷心窍	079
从霸权到霸凌是美国的悲哀	084
从塑像风波看美国兴衰	088
从修昔底德陷阱说到话语权	092
从一把尺子说到话语权	096
美国民主下的难民悲剧	100
狂躁的美国是该好好反思了	107
美国也有人开始这样理解人权了	111

世界向何处去

从千年大变局到百年大变局	117
乱象丛生的世界会走向何方	121
从"西不西"到超越东西	140
东西方文化融合是历史必由之路	144

利不可独　谋不可众　156

疫前疫后的世界会有什么不同　165

天灾人祸考苍生　171

天堂地狱一念间　175

马克思是怎样炼成的　181

共产主义是人类永恒的追求　185

用人类命运共同体理念引领世界走向美好未来　200

中国道路

回答"西方之问"的"中国密码"　213

一位美国教授看懂了中国人的心　217

西方国家如何看待"醒来"的中国　221

我们是怎么走过这一百多年的　225

大考得高分　判卷全球人　230

政治安全的根本保证是坚持和完善党的领导　236

中国为什么行　246

中国道路和中国治理的世界意义　254

"人类命运共同体"写入联合国文件　263

"人类命运共同体"的时代意义　267

西方民主透视
XIFANG MINZHU TOUSHI

不畏浮云遮望眼
西方民主透析

人类在基本上跨过封建主义时期之后，面临一个很大的问题：没有了皇帝和国王，由谁来统治和管理？抽象地说，这个问题很好回答：由人民当家作主。但是，具体执行起来，却极不容易。谁是人民？谁是人民真正的代表？选出来的人怎么管理？如果他们做错了怎么办？等等。这决不像一些脱离实际的理想主义者想象的那么简单。美国的开国元勋创建了符合资产阶级利益的西方民主模式，并已实践了两百多年，现在面临很大问题，是是非非，尚无定论。

民主莫被"民主"误

民主已有了漫长的发展史，中国特色社会主义民主的根本是为全体人民谋幸福，有事大家好好商量，广采博纳，有这种民主集中制来做保证，中国的未来一定光明。

想写这个题目，是目睹了几十年的国际风云而不吐不快。题目中前面那个民主，是人们心目中憧憬的民主，后面那个打了引号的，或是被理解错了的民主，或是打着"民主"的旗号做坏事，比如现在在中东、非洲等一些国家看到的。

到底什么叫民主？这个词最早从古希腊来，离现在两千多年了。这个词"demokratia"的前半部是"人民"的意思，后半部是"管理""权力"的意思。确切地讲，古希腊民主是"城邦民主"。他们宝贵的理念是大家都是主人，由一人一票选出人来管理。但要明白，那种民主并不是全民民主，因为那时是奴隶社会，奴隶只不过是"会说话的工具"，没有资格参与讨论和表决。

理念好，是不是效果一定好呢？不一定。公元前500年前后，雅典逐步向奴隶民主制度过渡，一度强盛到了令它的邻国——实行寡头政治的斯巴达疑惧的地步，后来发生了著名的伯罗奔尼撒战争。结果大家知道，是斯巴达赢了。雅典输的原因不仅仅是实力，还同它那种直接民主造成的腐败（这与原来的设想大相径庭）和混乱有关。

西方古代史里，这种一人一票直接民主的理念并不占主流。它有一个先天的不足，即只适合小国寡民。那时的文献说，这样的民主国家的疆土最好是一个人从这儿大喊一声，传到那头那个人能听到，就足够了，否则要召集大家来投票十分困难。

这种民主渐渐地被人类淡忘了，并不是理念不好，而是它实在不适用，但在部落和乡村还有不同形式的遗留。时间过了1000多年，到了14—16世纪，西欧发生了文艺复兴，原因是新兴的资产阶级在上升，他们渐渐地对专横的天主教会不满。教会代表上帝，要信徒绝对服从。但是教会里的教皇、神父和圣职人员并不是上帝，他们是会腐败的，后来发展到了惊人的地步。

物极必反。一方面新兴资产阶级希望有一个自由的经商环境，免除教会和贵族的盘剥；另一方面商人与商人之间也需要形成一种新型的、能平等协商的关系，于是他们就高举起人权的大旗，即要人不要神，大力提倡个性解放。这当然是好的，但新的问题是，若每个人都张扬个性，都只强调自己，他们之间怎么相处呢？

西方17—18世纪的启蒙运动，是文艺复兴的继续和发展，"自由、平等、博爱"的口号十分响亮，以致到了否定上帝、否定君王的地步，其高潮是1789年的法国大革命。这场革命真是惊世骇俗，国王的脑袋放到断头机下，说斩就斩。否定了上帝，没有了国王，人民自由了！民主了！很快，幸福还没来，混乱来了。最后拿破仑趁乱夺权，不仅恢复了秩序，而且恢复了帝制。一度惊恐万状的老百姓不得不在大炮和枪口面前放弃狂热。

从封建主义转变到资本主义，英国走的是君主立宪，德国经过了俾斯麦的"铁血"统治，法国也是经过了几次动乱之后才实现共和。比较特别一点儿的是美国。美国的独立战争是一场"富人革命"，所以独立后制定宪法时，最担心的是：如果真的实行一人一票，穷人就会利用议会来平分他们的财产。所以宪法虽然开宗明义第一句话是"人人生来平等"，但那只是一层民主的面纱，要当上议员，都要由金钱铺路，大亨首肯。

美国的民主当然不能一概否定，从历史长河来看，也是一种进步，有值得学习的地方，但它的资本主义本质是明摆在那儿的，谁也否认不了。20世纪90年代初苏联解体后，哈佛大学教授弗兰西斯·福山断言："人类接近千禧年的终点，体制的竞争将只剩下一个人，那就是自由民主。"这种扬扬得意的"历史终结论"鼓噪一时，美国趁机打着"民主"的旗号横行霸道，不料20年后，败象毕露。福山教授又写了一本《政治秩序与政治衰败》，称美国的民主不灵，是"否决政治"，政党恶斗有时竟到了让政府关门的地步。他在书中就民主问题提出了一个发人深省的概念：执行力。如果一个制度只符合"理想"，却没有执行力，优越性从何谈起？试看今日美国枪祸之烈，议员先生们又做了什么？

　　中国特色社会主义民主的根本是为全体人民谋幸福。我们认识到民主与集中是对立的统一，不能偏废。在这种民主集中制下，为了中华民族伟大复兴这个共同目标，有事大家好好商量，广采博纳，再由中央集中起来执行，在执行中不打折扣，这就是中国民主的长处。集中力量办大事，我们已创造了人类发展的奇迹，有这种新型民主来做保证，中国的未来一定光明。

西方民主内外交困前途叵测

西方国家一直把自己的民主制度视为世间最好的制度,高举着这面旗帜不知欺侮、斥责、肢解和践踏了多少国家,动不动就要用"颜色革命"或"正义之师"去"解放"那些他们认为是专制、独裁的国家,其结果是把别人弄惨了,自己也陷入了困境,难以自拔。

"晚期民主政治"令西方忧心忡忡

美国《纽约时报》双周刊2016年5月2日刊登英国作家、政治评论员安德鲁·沙利文《民主政治如果太民主就完了》的文章,针对这届美国大选中出现的种种乱象,他写道:"我们必须正视现实,弄明白这场选举提示了我们生活方式的哪些脆弱因素,以及晚期民主政治开始暴露出的危险征兆。"

并不是只有他一个人指出了"晚期民主政治"的可怕。"历史终结论"的提出者福山在反思了美国民主制度的弊病——金钱政治、寡头政治、政党恶斗、公民参与率低和政府机器失灵等——后说,现在美国有的是"否决政治",即议员们只在议会里否决对他们个人和政党不利的提案,却不积极提出和通过对广大人民有利的提案,结果是使国家在内耗中浪费精力而无法向前发展。

金钱对选举的影响已到了明目张胆和"合法"的地步。2014年,美国最高法院裁决,政治献金不设上限,并说这是为了"保护公民的基本人权"。法官强词夺理说:"公民想选谁是最基本的人权,所以他想捐多少钱都是合理的。"这话让捐不起钱的人听了有何感受?

对此,美国前总统卡特2015年7月28日在答记者问时说:"现在,美国只有寡头政治,无限制的政治贿赂成为提名总统候选人或当选总统的主要因素。……目前民主党和共和党的现任官员把这种不受限的金钱视为向他们提供的巨大收益。国会大佬们会有更多途径来捞好处。"卡特曾是圈内人,一言中的。

美国2016年发生了"民主之春",法国发生了"黑夜站立",表达了人民对这种只有在投票时才似乎有一点"民主感"的民主的强烈不满。这种民主能维持下去吗?有人回顾历史:1787年的一天,当美国的开国元勋之一本杰明·富兰克林走出讨论新独立国家的国体问题的会场时,一位妇女问他选择了什么国体,他答道:"一个共和国,如果大家能够守护它的话。"

美国退休大使、高级研究员查斯·弗里曼2016年4月11日在题为"美帝国的终结"的文章中评论这句话说:"现在,如果我们不能修复我们政治生活的不文明、动能失调和腐败,我们就会不仅丧失我们的帝国,而且丧失我们的共和国。美国的问题是由美国人、而不是由难民、移民或者外国人在美国境内酿成的。"

应该说,两百多年前美国选择共和制,是历史的进步,但当前紧迫的问题是如何对待这"晚期民主政治"。关于选民的情绪,《纽约时报》2016年5月14日的文章将选民投票时的心情打了一个妙喻:"当人们不断往自动售货机里塞钱,而该机却无动于衷,或吐出与他们的选择截然相反的商品时,一些人就会用脚踢或掀翻自动售货机。"看来,开国元勋的担忧真是有先见之明。

在国外的"帝国派头"侵害国内民主

到底谁在掌握美国?美国《国家利益》双月刊2016年5月13日发表的《美国文化悄然军事化》的署名文章说,1961年艾森豪威尔总统在告别演说中告诫国民注意"军事—工业—国会复合体"。作者说:"眼看着这个特殊利益集团网络在几十年里将触角伸向美国政治和经济生活的方方面面,说明他的告诫颇有先见之明。"

冷战开始时,社会评论员加雷特·加勒特也曾说:"美国不可能无限期地在国内始终是一个共和国……在国外却越来越有帝国的派头。渐渐地,后者的要求将大大改变前者并最终凌驾于前者之上。"回顾70多年的历史使人相信,加特勒的告诫同艾森豪威尔的告别演说一样极具先见之明。

美国的地理位置得天独厚,左右有两大洋护卫,南北没有一个强国,因此安全形势是相当优越的。但是,美国一直在大声嚷嚷外来的威胁,从而把国防预算提高到天文数字。谁在从中得到好处呢?这是路人皆知的公开秘密。

美国一直把推广民主作为自己的国策，要为几千公里以外的"民主和人权状况"操心。远的不说，新世纪以来就以反恐的名义入侵阿富汗、伊拉克，还趁"阿拉伯之春"的机会颠覆了利比亚、也门等国，搞乱了叙利亚，并且时时窥探机会去别国搞什么"颜色革命"，唯恐天下不乱。

效果如何呢？哈佛大学教授斯蒂芬·M.沃尔特在一篇文章中说，由于坚信自由民主是全球化世界里唯一可行的政治模式，过去三任美国政府都把推进民主作为美国外交政策的关键因素。他写道："认为美国可以挺进他国、推翻暴君、编写新宪法、举行选举、产生稳定民主国家（就像变戏法一样）的想法，从来都是虚妄的。"

美国的"好心"结出了毒瘤。一个以利润最大化为立国之本的国家，没有利益是不会去兴师动众的。现在，那些地方乱了，老百姓苦不堪言，难民大批涌入欧洲，而号称"移民之国"的美国却关紧国门。此时再望望伸开双臂的自由女神，真是绝妙的讽刺。

西方民主可以自我改良吗

同30多年前那批趾高气扬的"新保守主义"者不同，今天美国和西方有不少人认识到了西方民主的弊端，希望自我改良，但议论来议论去，总提不出可信的办法，感到迷惘。

《纽约时报》2016年5月14日的文章说："在过去白人至上和新教霸权的时代，美国就像《华盛顿邮报》专栏作家法里德·扎卡里亚等人所说的那样，是一个以'多数人暴政'为特征的'非自由民主'

的国家。但解决议案并不是走向另一个极端,即由所谓的开明精英实施的技术官僚治国,这也被哈佛大学政治理论家亚沙·蒙克称作'非民主自由'。"

"非自由民主"还是"非民主自由"好像是在绕口令,琢磨其意思是想说:以前太民主了,往后要限制一点民主,让精英多一点权利,从而真正保证选民的"自由"。这做得到吗?这同民主的基本理念即"民治"符合吗?以前是真的太民主了吗?为什么老百姓并没有真切感受到民主呢?

出现这样的议论,同英国的"脱欧"公投有关。日本外交学者网站 2016 年 6 月 25 日的署名文章说:"全民公投凸显了一点:我们摘引金句的文化加上政治民粹主义,使得以全民公投形式实现的直接民主,完全不适用于决定复杂的政策问题。"

这是有目共睹的常理,但在过去一些年里,非西方世界的人民是听不到美国开国元勋讲过的下述一些关于反对直接民主的话的,那时西方主流的声音是:民主!民主!越民主越好!

1788 年 6 月,亚历山大·汉密尔顿在辩论宪法时说:"纯粹的民主,如果能够实现的话,是最完美的政府。经验证明,这种观点大错特错。人民自己进行商议的古老民主形式,从没展现出任何政府的优良特性。这些古老民主形式的特点是暴政,它们是畸形的。"他的这个思想导致了美国放弃直接民主,选择了代议制民主。

人们近些年看到一个奇怪的现象,西方认识到直接民主的弊病,却一个劲地鼓动别的国家和地区选择直接民主,仿佛只有一人一票的"直选"才算是真正民主。西方教训别国:照我说的去做,不要照我做的去做。其推广民主的虚伪性令人发指。

现在的问题是，西方的代议制民主也出了大问题啊！怎么办呢？美国还有什么道德感召力去播送"福音"呢？有报道说，美国群众呼吁改革候选人产生办法、限制政治捐款、对划分选区进行改革，等等，但未见有实际行动。

如果美国和西方在民主问题上难以改革，拖下去可以吗？西方已经有学者提醒大家去听听古希腊智者苏格拉底和柏拉图的警告：一旦民主到了群情失控和失智的地步，专制的时代就要到了！德国新闻电视频道曾发表一篇《特朗普与法西斯主义——美国诞生了一个新的希特勒吗？》的文章，文章说："2016年的华盛顿和1930年的德国魏玛：为了试图控制住完全难以理解的唐纳德·特朗普现象，美国人进行了露骨的比较。评论家们认为，自己的国家如同上世纪30年代的德国一样，正走在通向毁灭的道路上。其证据是对强人的渴望和过度疲劳的民主制度的解体倾向。"

这样的类比也许对特朗普不太公平，但其中反映出的不安和焦虑，是不能不正视的。如果统治者总是搞不好，被统治者的耐心是有限度的。美国频频发生的枪祸绝不是什么好兆头，特别是从阿富汗战场退伍的士兵枪杀警察。

看来，美国的民主要改革好，还是要想想林肯总统。他总结得很好，民主即"民有、民治、民享"，但占领华尔街的示威者说，现在美国是"1%人有、1%人治、1%人享"，什么时候实现了前者，美国的民主问题就真正解决了。这一天会到来吗？

"愤怒很容易,制定战略却很难"
——西方的困惑和漫长莫测的前程

上面的题目引自英国前首相托尼·布莱尔3月3日发表在《纽约时报》网站上的一篇文章。这句话典型地反映了西方精英目前的困惑心理。他说:"愤怒很容易,制定战略却很难。愤怒会提供必要的动力,但只有战略能带来胜利。"

精英把民众的愤怒称之为民粹主义。重要的是要知道民众为什么愤怒,新战略有个大概的轮廓了吗?我们不妨先从愤怒谈起。

西方百姓怒从何来

近100多年来,西方一直是很傲慢的。他们的历史观是"西方中心论"。他们的心态是"我们很富有,我们很高尚"。他们坚信在信仰基督教的白人的领导下,世界最后会被他们的信仰普世化,与此同时,自由主义的市场经济和多党议会民主也会普世化。他们坚信这是上帝给他们指出的一条救赎之路,不容置疑。

1989年后,东欧剧变、苏联瓦解,他们更是兴高采烈、信心满满，认为"历史终结了"。可是仅仅经过了27年，他们看到的现实世界与他们想象的大相径庭，没想到把最大的敌人苏联整垮之后，接下来走下坡路的竟是他们自己。转眼间，"政治正确的"变得不正确了，炫目的精英变得讨厌了，推广民主却带来国内外的混乱。而他们十分看不起的、就等着崩溃的中国却飞速发展了起来。所以他们觉得当今世界是"陌生的世界""失序的世界""令人生畏的世界"。更令精英阶层头疼的是国内气势汹汹、怒气冲冲的老百姓。精英们称他们的怒气是"民粹主义"，是当前乱象的祸根。但政客再想拿惯用的竞选语言来哄哄选民已办不到了，而"不入流"的特朗普却硬是凭借民众爱听的粗口大实话吸引群众，趁势当上了总统。西方确实遇到了几百年未遇之大变局，面临经济危机、制度危机和价值观危机。自古以来老百姓愤怒都是天大的事，一定会推动变革。

概括起来，西方百姓的愤怒大致由于以下四个原因：

1. 经济衰落，生活下降

英国《卫报》网站3月26日的署名文章说："领袖们绞尽脑汁试图弄清为什么大批选民如此愤怒，答案其实很简单，是经济失败的结果。金融危机以后的10年显示，40多年来占支配地位的经济治理体系已经崩溃。"

这种治理体系"把职场的力量平衡向资方倾斜，把人当成工资的奴隶，确保增长果实为少数人而非多数人占有"。政府对金融危机的处理结果是，"对全球金融危机负有责任的人逃脱了处罚，而无辜者却首当其冲地承受紧缩的痛苦"，有的人失去了终身的积蓄，有的人因交不起房贷被赶出家门。这就是促成"占领华尔街"运动的真正原因。1%与99%之间尖锐的矛盾必然反映到社会思潮和选举运动中来。

关于贫富悬殊有许多统计数字。《卫报》报道，1961年到1969年，美国底层90%的人口收入占收入增长的67%。而到了2001年至2007年，国民收入每增加一美元，底层90%的人口只得到两美分，其余98美分都被最富的10%的人口收入囊中。

在这一历史阶段中，美国经济的三大特点是金融化、虚拟化和全球化，大资本家赚得盆满钵满，而包括白领在内的普通百姓的工资停滞，生活下降。美国白人蓝领工人体会更深，原来的小康生活没有了，许多人失业等待救济。他们的愤怒成了把特朗普推上总统宝座的一支重要力量。

2. 议会不灵，政府无能

在当前的体制下，老百姓有了难，眼睛当然要盯着议会和政府，然而，他们看到的议会只是在无休止地争吵，而政府则被困住手脚，渴望的事情不但办不成，有时还要关门。这样的状况怎不叫人愤怒？

议会和政府专为华尔街办事已是公开的秘密。日本《金融财政商贸》3月27日一期援引学者依藤贯的话说："美国政治是被华尔街的金融家所操纵的。"克林顿政府在鲁宾、萨默斯等人的领导下，"对华尔街金融家的要求照单全收"。

议会内外充斥着代理人，他们的争吵听起来义正词严，实际上是各利益集团的争夺，老百姓能指望他们为自己仗义执言吗？权钱操纵、党派恶斗、否决政治、迁就眼前，已成了这种民主的代名词。难怪"历史终结论"的提出者弗朗西斯·福山在 3 月 18 日的一次访谈中说:"我的确认为,美国政治体系出现了故障,两极分化、瘫痪、由特殊利益主导。"

福山一贯认为西方民主体制是最好的,然而,最好的体制却难办事,这是他无法回答的一个悖论。他对记者说:"美国在依法治国问题上做得完全过火了。比如要在加利福尼亚修建一条公路,那么理论上讲,4000 多万公民对此都拥有否决权。那可能最快需要 15 年时间才能动工。"这种听起来很美、说起来很高尚的民主,老百姓受得了吗?

最糟糕的是这么多年来美国一直要把这样的民主"普世化",或动刀动枪,或"颜色革命",闹得所在国战火纷飞,难民如潮,天怒人怨。

3. 人口失衡,白人失势

美国是移民国家,最早的移民都是白人。三个世纪以来,盎格鲁—新教文化对于美国人的身份认同来说一直居于中心地位。但是,这种中心地位随着新移民及其子孙的繁衍,美国的人口结构发生了重大变化,引起了白人学者的极大忧虑。塞缪尔·亨廷顿 2004 年为此写了《我们是谁》的专著,着重研讨人口结构失衡后美国的走向,如果美国的白人不占优势,"我们"的美国会变成什么样呢?

13 年过去了,人口结构越来越将白人挤到边上去。1965 年美国修改了移民法,在此之前,80% 的移民来自欧洲,但 1965 年之后,80% 的移民来自发展中国家。1960 年,美国人口比例是白人 85%,

黑人 10%，拉美裔 2.6%。但到了 2017 年，比例则为白人 60%，黑人 13%，拉美裔 18%（如果加上非法移民则为 20%）。

最近 7 年里，美国新生儿超过半数不是白人，预计到 2024 年，20 岁以下人口的一半为非白人。这次美国大选，60% 的白人投特朗普的票，反映的是白人对非白人移民的恐惧和歧视。

还有一个新现象，到本世纪 20 年代，美国新增劳动力的一半以上是非白人，他们的收入比白人低，但他们今后"将供养过着退休生活的富裕的白人老年群体"，他们之间能否心平气和则是一个未知数。

在"锈带"生产线上被迫下岗的白人蓝领工人，明显有一种失势和屈辱感，但在人口比例已有了重大改变的今天，他们只能在反移民、反全球化的游行队伍中去体会一下白人团体当年的威风。

4. 信仰危机，上帝死了

美国是欧洲的衍生物，但独立后一直想保持自己的特性。托马斯·杰斐逊总结提炼了"美国信念"（American Creed），即 17、18 世纪美利坚早期定居者的有特色的盎格鲁—新教文化的产物，其中重要因素包括基督教、英语、宗教使命、英式法治理念、统治者的契约精神、个人主义、工作道德、相信人的能力、有义务创建尘世天堂即"山巅之国"等。这些东西就是他们的精神支柱。用亨廷顿的话来说，这些"成为他们自由、团结、实力、繁荣以及作为世界上向善力量道义领导者的地位的源泉"。因此，19 世纪到访美国的欧洲政治家都恰如其分地称美国是"一个基督教国家"。

然而，今天的美国已远离了当年的"美国信念"，这不但反映在上教堂的人越来越少了，而且，更可怕的是先民的子孙们早已不把这种"信念"（其中包括原始基督教的普爱、勤俭与向善）当回事了，华尔街代替梵蒂冈和耶路撒冷成了新的圣地。他们信仰的是"商品拜物教"，一夜暴富是他们祈盼的新的"显灵"。

特朗普的重要顾问之一史蒂夫·班农2014年在一次演讲中说："我相信自苏联倒塌之后的几年，我们走得有点脱轨了。我强烈相信，这是一场我们教会的危机，我们的信仰的危机，西方的危机，资本主义的危机。"他还说："我相信世界，特别是犹太—基督教的西方，正处于危机之中。……这既是一场资本主义危机，本质上更是我们所信仰的犹太—基督教西方的基础的危机。"

"山巅之国"本应该是人们仰望的榜样，是人们的精神可以向往的地方。然而，以"我们富有，我们高尚"而自豪的西方人，除了极少数大富翁外，现在都变得不那么富有或变穷了，也不高尚了，变得赤裸裸的利润第一、唯利是图了。这样的"人间天国"如何维持下去呢？今天连教皇也在批判资本主义，讲得很深刻、很动情，但他能改变西方的现实吗？尼采早就说"上帝死了"。上帝本来就没有，但人们内心期盼有一个凌驾于人间之上的"最高正义"，如果连这一点精神安慰也被金钱粗暴地凌辱了，心将何以安放？灵魂将何以安稳？所以布莱尔说当前的西方危机既"在经济的意义上发生"，"也在文化的意义上发生"。

看来新领导人难以应对三大挑战

综上所述,现在西方不管谁上台,都得应对经济、政治和文化三大挑战。特朗普说要"让美国再次伟大"、"用美国人,买美国货"。马克龙在当选前夕的访谈中说"我会考虑法国人的愤怒",自比"'冲破制度'的圣女贞德",准备走不左不右的路线。他们都赢得了掌声,但前面的三人挑战十分严峻,从目前的言行看,他们在试图改变一些政策,但拿不出切中时弊的治本之策。下面从三个方面概括一下:

1. 资本主义已陷入后期危机

近期西方经济似乎有复苏的迹象,但更多的人认为世界正在或已经进入"停滞时代"。资本主义社会的命门是资本要赢利,如果赢利较大,分配相对合理,那么社会就会呈现令发展中国家羡慕的景象。要命的是,现在在马克思所说的"资本具有内在否定性"规律的支配下,很多资本主义国家的资本赢利微薄,甚至亏本,而已经构建起的福利制度在西方议会民主的推动下,已经不堪重负,许多国家只得借债度日。

德国《商报》4月13日文章介绍了"资本具有内在否定性"的理论,作者写道:"在《资本论》第三卷中,马克思从他的劳动价值理论推导出一种对《资本论》全集具有重要意义的认识——'利润率趋于下降'的规律:鉴于劳动生产率通过技术进步得到提高,同时降低了仅仅创造价值的人力资源的相对重要性,因此也减少了资本家的利润。再加上资本家之间的相互竞争,不断压低报价,以便能经受市场的考验。因此，马克思写道，资本收益的下降虽然能暂时停止，但据他估计，随时会达到因为创业者可期待的回报率太低而不再投资的某个点。结果是：最终将所有经济领域推向危机的投资大罢工。"

为了追求利润最大化，美国搞金融化、产业空心化，结果导致了金融危机和工人失业。由于新兴国家的崛起，老牌资本主义国家的利润率还在下降。2008年金融危机后，为了救急，各国都是以"量化宽松"的名义大印钞票，结果政府这只"看得见的手"，已由危机的拯救者，变成了新的危机的制造者。专家学者们认为仅仅政府累积的债务，就足以单独引发一场巨量的金融危机和经济衰退。

先看看全球的情况。据国际金融协会最新公布的数据表明，2016年第三季度的全球债务高达217万亿美元，占GDP的325%。进入21世纪以来，债务一直在快速上升，却并未带来经济的较快增长。这意味着债务越来越重，而偿还能力越来越弱。

再看看美国的情况。美国的公共债务2006年为8.68万亿美元，2016年为19.97万亿美元，占GDP的106%。政府借的钱是机器印出来的，不是根据实际商品和劳务的产出"生产"出来的。所以美国经济学家弗里德曼斥之为"从直升机上撒钱"。

专家们认为，当利率水平降低到零甚至负数时，就说明资本不赢利了，货币供应就无效了。现在美联储要加息，并不是经济复苏，而是钞票的游戏已经走到尽头了，再滥发下去，水就要溢出堤坝。如果有新危机发生，再印更多的钞票也没有用了。

特朗普上台面临的就是这么一个烂摊子。他现在正在赌一把：大幅减税，尽量降低政府开支，让企业兴旺起来。他的如意算盘是，一旦经济好了，偿债能力就强了，债务负担就会减轻。可是，如果减了税，政府收入下降，开支却降不下来，而企业赢利能力没有上升，怎么办？这就是包括特朗普在内的一些新领导人必须回答的问题。前景很不乐观。

对于人们担心的"停滞时代"和新的危机会带来什么后果，有些经济学家坦言"不敢想"。也许那时不得不学冰岛，银行统统倒闭，存款和证券泡汤，一切归零，金融家也得穿起工装裤去干活。冰岛只有30多万人口，有10万人要移民。冰岛是幸运的，生存下来了，要是发生在别处，会不会引发一场动乱席卷大地呢？

2. "民主制度"能容得下强人领导吗

现在世界上有一股所谓"反民主"的潮流，准确地说，在西方精英吵吵嚷嚷"推广民主"几十年后，老百姓终于看清了这种"民主"到底是什么货色，已经相当厌烦。老百姓是实实在在的，如果民主不能带来社会安定、政界清明和生活改善，这种民主又有何用处？社会乱了，老百姓反而欢迎一些强人来展示雷厉风行的能力，为老百姓真正办成几件好事，这比口吐莲花的演讲和高尚的口实用得多。

据法国民调机构益普索最新公布的调查，受访者对强人寄予希望的比例是英国67%、法国70%、意大利67%、西班牙72%。其中80%的法国受访者表示支持勇于重塑游戏规则的领导者。一位德国学者最近叹息说，"宣布事情很复杂，建议用温和的解决方案"的改良者，总是不大受欢迎，群众往往是性急的。

特朗普正是以强人的形象上台的。他说:"我不是普京的朋友,但我尊重他。因为他是一位强人……比我们的(奥巴马总统)强得多。"他一进白宫就拿起笔来签署了一些法令,例如 TPP 协议说废就废,雷厉风行。5 月 10 日,特朗普突然解除了联邦调查局(FBI)局长詹姆斯·科米的职务。有媒体分析,是因为科米没有处理好希拉里·克林顿"邮件门"事件。像这样明目张胆的挑战制度的报复行为,实属罕见。

特朗普的"胡作非为"令建制派十分担心,他们认为他是一只老虎,要么关在制度的笼子里,要么把笼子冲坏。经过 100 多天的观察,大家似乎放心了一点,说他正在被"驯服",但他的特点是随意、不可知和凭直觉行事,这样的领导会给美国和世界带来什么,大家都在观察。这也引起人们思考:现有精英极力维护的制度难道不应该改良甚至打破吗?不过,倘真的打破了,又会是一种什么局面呢?强人会不会变成希特勒呢?这些都是未知数。

3. "让思想冲破牢笼"更难

资本主义社会的伦理基础是个人主义,而它又被"自由、平等、博爱"等美好的词汇和宗教外衣包裹着。这种个人主义驱动人们去追逐利润,几百年里创造了人间巨量的财富,却也带来了无法弥合的贫富差距。当今西方社会的种种社会问题都由此而来。社会越不平等,希望冲破个人主义的思想牢笼,创建真正自由、平等、博爱的新社会的人越多。

如前文所述,布莱尔也认识到西方的思想文化出了问题,但他不知道如何改变。近年来的选举中，美国的桑德斯，法国的娜塔利·阿尔托等都大力宣扬社会主义。值得注意的是，阿尔托成功地拿到了法国的500张市长支持票，成为今年竞选法国总统的11名候选人之一，颇不平常。她公开说："我参选不是为了当总统，而是为了让资本主义制度分崩离析！""总统大选是一种被操纵的游戏，选举不会改变法国人民被剥削的事实，也不会改变被金钱和资产阶级统治的社会秩序。我们想做的是推翻它。"按"政治正确"的西方标准来衡量这些言论真是太出格了，但她毕竟还是成了总统候选人之一，说明她身后确有一股不容忽视的人心的力量在支持她、推动她。社会越糟，这股力量就会越大。

她知道自己当不上总统。她的竞选主张：禁止企业解雇工人，把最低月工资从1150欧元提高到1800欧元，把大企业国有化……在现有体制下断难实行。她的出现说明了西方的焦虑：不改不行，但改成什么样，怎样改，大家不清楚。所以才有"制定战略则很难"的浩叹。

马克思说："生产不断变革，一切社会关系不停地动荡，永远的不安定和变动，就是资产阶级时代不同于过去一切时代的地方。"他还指出，在从资本主义到实现理想的共产主义之间，有漫长的过渡阶段，现在正处于这个历史阶段。这是要许多代人才能走完的路。如何走好，现在很难回答，只能"摸着石头过河"吧。

在这个阶段，有一个问题必须回答：如何既充分发挥个人的积极性，同时又使大家和衷共济、互为一体？可以相信，用合作共赢的思想来代替个人主义的唯利是图，一定是历史必由之路。当然，具体怎么走，还得走起来看。

对中国的启示

100多年前，十月革命开辟了一条新的道路，尝试建立一种没有人剥削人的新社会。这种探索一直被西方妖魔化，马克思主义也无数次被宣布过时了。历史证明：只要资本主义社会是不平等的，贫富差距太大，憧憬社会主义和共产主义的人就会源源不断，越来越多。

现在西方有一个现象，即没有经历过冷战的一代人已经长大成人了，他们惊讶地问：社会主义有什么不好呢？实现社会主义不是挺好吗？

最近有两个在中国学习、工作的外国年轻人成了中国的网红，他们的"童言无忌"颇具深意，值得一读。

法国小伙子"钢蛋"（Quentin）说："在我眼中，中国的政治是全世界最优秀的。说实话这也是很多国家害怕中国的原因。就好像人们经常对厉害的人感到吃惊或害怕。在中国的政治体制下，想要做什么可以很快做到，效率很高。你们也许不知道在法国光做一个计划就要五到十年。所以，你们现在担心的东西一定会好起来。"他又说："中国真的进步很快，说实话我挺羡慕你们的，有时候觉得我们国家要是也有这样的政治说不定会更好。"

在中国学习的伊朗小姑娘兰兰（Negar Kordi）说："很多中国人总是一直批评中国，我开始是觉得他们不爱中国，或者太爱西方，后来我发现其实是他们给中国定了很高的标准，即使世界第一都不够，要比所有国家好出很多很多才行。有时候我觉得这才是最值得中国人骄傲的。"她的这条帖子得到三万多个赞。

用他们的话来对照国内外的舆情，值得深思。中国走的是一条中国特色社会主义道路。西方总说要把中国"融入世界主流"，实际上是要融入西方的资本主义潮流。这里有两个问题：第一，他们是真心要把中国引入发达资本主义国家的"主流"来同他们竞争吗？其实，他们期望的中国是在他们的主导下乖乖地当个打工仔。第二，社会主义代表着人类的希望，这才是主流，凭什么要我们随波逐流地追随他们呢？

我们要自信。我们正走在一条希望的大道上，虽有坎坷和曲折，我们也应风雨兼程，一往无前，坚信道路会越走越宽广，越走同行者会越多。

福山担忧西方民主的未来

福山的"历史终结论"已被无情的历史终结了,他现在反而担忧西方民主能不能维持下去。

美国政治学教授弗朗西斯·福山原来并不很出名,到 20 世纪 90 年代初东欧剧变、苏联解体时,他提出了一个"历史终结论",满足了当时一批扬扬得意的西方政界人士和知识精英的心理需要,一下子大红大紫起来。现在"历史终结论"已成了记录那个时代的一个标记。

当时西方很多人的心态是这样的:终于把苏联整垮了,证明苏联的意识形态和道路是完全错误的。未来的走向很清楚,只要按照西方的模式——自由主义的市场经济加上多党议会民主——世界就会走向普遍的民主、自由和繁荣。

记得我当时第一次读此高论时,心里马上浮出一个疑问:历史会终结吗?这不符合哲学的基本原理啊!事物总是在不断变化、发展之中，因此人们的认识也不可能一成不变。人类一直在追求真理，但永远也不可能穷尽真理，只能一步步地向它靠近。

历史的发展给头脑发热的人浇了一盆凉水，从1989年到2008年不到20年，世界并没有按照西方的设想演变，反而给了他们一个又一个沉痛的教训。想想2001年的"9·11"，想想2008年的金融、经济危机，想想打着"推广民主"旗号搞乱的阿富汗、伊拉克、利比亚和叙利亚，等等，就可以知道福山心里是个什么滋味。

据《华盛顿邮报》报道，福山在一次采访中说："25年前，我不知道民主制度会如何倒退，也没有理论来谈这个问题。现在我认为，民主制度显然可能倒退。"他这里指的当然是西方民主。由公投决定的英国脱欧，被民粹主义推上去的特朗普总统，都令福山担心。他叹息道："老实说，我在政治生涯中从来没有遇到过比特朗普更不适合当总统的人了。"可现实无情，美国的体制就选出了这么一个人。

为什么他讨厌特朗普呢？因为这只野性十足、"政治不正确"的老虎不甘心被关在美国开国先贤设计的"民主笼子"中，而如果老虎真的要冲出去，那问题就大了。所以《华盛顿邮报》2017年2月9日的文章写道："福山为特朗普治下发生的'制度的缓慢侵蚀'和民主原则的削弱感到忧虑。特朗普似乎会怀疑所有可能妨碍他的事物的合法性，无论那是司法制度、政治对手还是主流媒体。"

特朗普是大老板，他坐在特朗普大厦里当董事长时，可以对人说一不二，他拍的板就是公司的法令。可是，他现在是坐在白宫里当总统，就不可能那么爽了。就拿所谓"禁穆令"来说，一位地区法官就可以要求暂停实施入境限令,令特朗普勃然大怒,马上在推特上出言不逊。白宫发表的声明称,法官的判决"骇人听闻"。这个词令西方很多知识精英惊骇不已。

这种担忧已跨过大西洋传到了欧洲,英国《卫报》2017年2月5日的文章评论说,总统可以批评法官,但不应抨击法官,特朗普从批评到抨击这一跃,意味着"美国将向未知迈出一步"。人们担心的是"特朗普的诡异举动将使既定制度获得的尊敬加速崩溃"。

现在美国版的民主可以说是内外交困。从外部来讲,要想再像前20年那样站在道德的制高点上,喊着全球化的口号,用软实力和硬实力来推行民主,别人已不信了。法国《回声报》2017年2月3日的署名文章这样描写别国人民的反应:"别再给我们上道义课了,你们看清楚了,你们的政治模式已运行不下去了,即便它曾经似乎运行得还可以!"而且,西方国家的老百姓已从难民潮和恐怖主义中领教了什么是"普世民主"。

从内部来说,已经有200多年历史的美国民主体制已弊病丛生。且不说金权政治,且不说政党恶斗,且不说三权制衡造成的"否决政治",且不说只求选票的权宜政治,就说说选举中出现的种种对立造成的美国社会的撕裂,就够让人触目惊心的。西方民主的一大特点是,政客们总是要鼓动某一批人来反对另一批人,这样才有稳固的"票仓",其结果是由对立发展成对抗。本来同性恋是个人私事,却吵成了竞选热点。上述《卫报》的文章说:"特朗普每执政一天,分裂就加深一点:这些分裂存在于白人与黑人、男人与女人、年轻人与老年人、军方与政界、司法与行政之间。恐惧感真实存在。这不会让美国再度伟大。"

面对乱象，福山忧心忡忡地说："我们都不知道这会如何完结。"历史远没有终结，但愿福山教授抚今追昔，能写出靠谱的篇章来。

美国是新闻自由还是新闻操控

真正有眼光的美国学者指出:"占领华尔街"其实是敲响了美国政治制度的"第一声丧钟"。民众已经打到了要害处,虽然暂时被镇压下去了,被金钱操控的新闻界丑化了,但地下的暗火还在燃烧。

2016年4月11日到18日,美国首都华盛顿发生了"民主之春"运动,300多个组织的几千人,汇集到那里表达自己的不满和愤怒。他们提出的不是经济要求,而是政治诉求:抗议金钱政治和腐败的、令人失望的大选。警察拘捕了1000多人。值得注意的是,"民主之春"运动的抗议队伍里出现了一块标语牌:"CNN你在哪里?"颇为醒目。它的含义是:我们在抗议,你为什么不来报道?

"占领华尔街"运动被美国媒体丑化

美国在这个时候出现这样的风潮一点儿也不奇怪。现在美国的日子不好过,国内外遇到的挑战和困难很多,人民对政府和政治运作失去信心。中国有个成语叫"月晕而风,础润而雨",意思是说,每有风雨总会先有一些小征兆。这些小征兆常常会被人忽视,但若不重视,真的疾风暴雨来了会措手不及。现在美国这样的小征兆已经不少,例如"占领华尔街"运动、"愤怒者"运动和"黑人的命也是命"、"我们不能呼吸"抗议活动,等等。这些都是美国制度性弊病引起的抗议,说明美国真的病得不轻。

人们记得,当 2008 年的金融危机爆发时,大家把目光和矛头对准了华尔街,认识到害得大家受苦的风暴源头是华尔街的贪婪。一小撮金融投机家推出让老百姓莫名其妙的"金融衍生工具",把大家的钱神不知鬼不觉地骗到了他们的口袋里。高管们享受着惊人的年薪和奖金。可是,一旦资金链断裂,政府却用老百姓交的税去挽救这些"大得不能倒"的金融机构。待到局势稍定,这些银行刚开始赢利,高管们照样拿比以前更多的奖金。老百姓怎么能不愤怒呢?

"占领华尔街"一度在全国各地蔓延,政府的对策是警棍加歪曲宣传。在当时的电视和报刊里你会看到这样的描写:示威者都是一些不务正业的流浪者。他们践踏了草坪,他们破坏了公园和社区的宁静,他们是酒鬼,他们在帐篷里做爱……最后,政府看到舆论造得差不多了,就来硬的一手,出动大批警察强力清场,而电视镜头对准的是留下的一片狼藉,给人的印象是这批捣蛋鬼终于走了……

人们常常被美国大力宣传的"新闻自由"所迷惑,以为那里真的那么自由。报纸、电视不是有许多不同的观点在争论吗?公众人物不是常常吵得不可开交吗?其实,这些热闹场面后面都隐藏着两个冷冰冰的事实：一是媒体从根本上、总体上要符合出资人的意愿；二是怎么吸引眼球就怎么来，以扩大媒体的吸引力，或曰"吸金力"。一切舆论都要符合他们的价值观，说到底，要确保垄断资本集团的根本利益。集团之间会吵吵架，会在媒体上演出"言论自由"的好戏，那是做给不知情的人看的。

真正有眼光的美国学者指出："占领华尔街"其实是敲响了美国政治制度的"第一声丧钟"。民众已经打到了要害处，虽然被镇压下去了，被金钱操控的新闻界丑化了，但地下的暗火还在燃烧。

"美国之春"被故意漠视

2008年的危机到现在已经12年了，大的金融机构确实没倒，但老百姓的存款却因一个劲儿的"量化宽松"大印美钞而缩水，用次贷买房的人被大批地清出房屋。虽然美国媒体在大力宣传美国的经济现在如何如何有起色，但认真的经济学家指出，事实上没有那么好，还是振兴乏力。国外的情况大家更是有目共睹：伊拉克和阿富汗的"民主"依然乱纷纷；伊斯兰国竟敢砍白人的头；美国痛恨的叙利亚总统巴沙尔竟然在俄罗斯的支持下收复失地；恐怖主义阴影一直令有两大洋护卫的美国人睡不好觉；潮水似的难民令欧洲不得安宁，美国也难以应付……

面对内外交困的形势，老百姓不禁要问：当"衍生金融工具"大行其道的时候，怎么没见过媒体出来大声疾呼："当心！有风险！"当美国决定要攻打伊拉克的时候，媒体为什么也是一片喊打，议会里也没有反对的声音？被操控的舆论让人相信：只要美国大兵开进去，就会受到伊拉克人民的夹道欢迎。萨达姆一倒，伊拉克就民主了，大中东民主计划就会很快实现。右派学者还鼓吹：大中东民主了，民主潮流必然会继续往东冲去，民主之花遍地开放，"美国强权领导下的世界和平"就顺利实现了……这些"新保守主义"精英的言论当时充斥媒体。

现在民众发现，原来上当了！上了金融巨头的当，上了政府的当，上了媒体的当。这笔账难道不该清算吗？美国不承认国际法庭，却喜欢把他不喜欢的一些国家的领导人送上国际法庭，例如指控当年捍卫塞尔维亚领土完整的领导人犯了"反人类罪"。现在伊拉克、阿富汗死了那么多人，而且还在不断死人，造成这种恶果的美国总统却逍遥法外。现在不是连奥巴马和希拉里都承认攻打伊拉克是"犯了错误"吗？又有哪个美国媒体敢于仗义执言、为民请命，指责他们犯了"反人类罪"呢？

美国就是在上述背景下迎来了2016年的"大选年"。奥巴马是高喊"改变"上台的，究竟把美国改变了多少实在乏善可陈，而作为美国历史上第一位混血黑人总统，大家看得清楚，他一直受到由共和党控制的议会的顽固掣肘，常常让他寸功难立、寸步难行。奥巴马是美国总统，他当然离不开美国利益集团的制约，要代表他们的根本利益。据我看，奥巴马也不是看不到美国制度的弊病在哪里。2016年1月12日他发表了在任的最后一份国情咨文，有人说"这几乎像一份遗嘱"，里面有些话颇值得玩味。例如他说："如果只有最极端的声音受到关注，我们的公共生活就会凋零。最重要的是，如果人民大众觉得自己的呼声无关紧要，这个制度变得只有利于富人、有权势的人以及少数利益集团，民主制度就会崩溃。……如果我们想改善政治生活，仅换掉一个众议员或参议员，甚至换掉一位总统是不够的，我们必须改变整个体制，来更好地展现自己。"

在一些美国人听来，奥巴马说得真有点"出格"，"政治不正确"。第二天的《华盛顿邮报》就有报道说这是"虚假无力的演讲"，"听他抱怨政治仇恨真让人想吐"。我想，奥巴马之所以讲出这样激愤的话来，并非一时冲动，而是积淀已久。国情咨文是经过反复推敲的，字斟句酌。也许他需要用这些话来打动那些愤愤不满的民众的心，赢得他们的一些同情，继续支持他和民主党来执政。至于他讲的改变体制之类的大话，也就说说而已，岂能当真？

真正想改变美国的人是有的，而且很多，发起"美国之春"的人就是其中的一部分。他们现在的矛头主要对准用政治献金烧钱的大选，谁烧的钱越多，谁就越可能当选。本来富豪捐款还有些羞羞答答，还有些限制，但自从2014年美国最高法院以5：4的票决取消了对富人捐款总额的限制后，他们就毫无顾忌地、明目张胆地用金钱来投资一笔"好生意"。据美国民间组织"代表我们"统计，过去5年里有200家企业捐了58亿美元，而得到的回报高达4.4万亿，也就是1美元可挣760美元。这样的好生意谁不愿意做呢？

当人们批评最高法院时，看到的是这样的判词："在我们的民主制度中，没有什么权利比参与选举我们的政治领袖这一权利更基本的了。"潜台词是：我用钱来支持我喜欢的领导人，那是我最重要的基本权利，谁管得着？这看似振振有词，但经不起推敲。不错，也许你可以用钱去影响大选，这是你的权利。可是，还有许许多多比你穷的人他们也有权利，可是他们没钱，这不就明摆着他们对候选人的影响要远远低于你吗？有美国学者指出：美国宪法是以"我们"开头的，确认"人生来平等"，可是在金钱面前，如何平等得起来？

发起"美国之春"的人正是抓住了这个最要害的问题聚会华盛顿，把2016年4月18日的示威主题定为"民主觉醒"，号召人民抵制金钱政治，希望真正把平等的精神贯彻到大选中去。这难道不是有深远意义的大新闻？可是，他们的满腔热情遭到了美国主流媒体的普遍漠视，现场很少有记者出现，电视、平面媒体上也看不到、听不到他们的呼声，所以他们才要打出这样的标语："CNN你在哪里？"

CNN可是美国大牌电视台，无论是"阿拉伯之春"还是"橙色革命"，都少不了它的镜头。可是，它对"美国之春"不感兴趣，原因其实也很简单，它不是替你们说话的，它是替身后的老板说话的。美国到处去传播"民主"，背后都有利益考虑，搞乱的是别人，扶植起来的一定是"自己人"。而"美国之春"是要触动美国的根本体制，尽管这符合美国的立国精神，但不符合美国权势集团当前的利益。所以，奥巴马可以在国情咨文里讲一些漂亮话，真要有人照此做起来，那是万万不行的，CNN的镜头决不会对准你们。

美国宣传的虚伪性

美国很"清高",从不说自己搞宣传,总是批评别的国家违背新闻的本义,在搞"宣传""洗脑",自诩美国才是真正尊重新闻的真实性和客观性,但事实说明美国的宣传很虚伪。

什么叫真实?这个问题看起来简单,实际很不简单。我们且不从哲学上去探讨它,只举个最简单的例子来说说。比如,一个人的脸上长了个小脓包,你给他照相,如果在三五米外拍,看到的是一张完整的脸。而如果你贴着脸专拍那个包,来个大特写,然后再配一个吓人的标题,那么给人的印象是这个人病入膏肓了。包是真实的,但在他手下就形成了某种不真实。美国总是抓住别的国家的一些人和事大做文章,只要是他不喜欢的国家,那里有人反政府就一律是"民主斗士",事情有那么简单吗?

美国自认为是人权的维护者,宣传自己是"山巅光耀之城",是人权的榜样。这种舆论已洗了很多人的脑。如果翻翻历史,看看美国建国过程中是如何屠杀印第安人的,是如何对待黑奴的,是如何扩大疆域和出兵海外的,就知道什么是历史的真实。

20世纪初美国用武力把菲律宾变成了它的殖民地。一名美国国会议员在1909年讲了这样一段话:"你在北吕宋不会听到有任何动乱的事情。在北吕宋,没有人叛乱,因为那里没有一个人。这个国家被以最坚决的方式碾过,扫除干净。只有上帝才知道有多少菲律宾人被埋在地底下。我们的士兵不接受战俘,不保留记录,只是扫平这个国家。无论何时何地他们抓到一个菲律宾人,死亡是唯一下场，只有妇女和儿童被赦免了。这或许可以解释为什么这里性别比例如此不平衡。"

100多年过去了，这些话现在听来都觉得毛骨悚然，同大慈大悲的人权卫士的形象有天壤之别。

同样，对于"美国梦"的宣传也洗了很多人的脑。1931年历史学家詹姆斯·特拉斯洛·亚当斯在《美国史诗》中写到，"美国梦"是"一个国度的梦，在这里，每个人的生活都可以过得更好、更富裕、更充实，人们的机会取决于他们的能力和成就"，很多人信了。有人甚至说："我们美国人都是百万富翁，有的已经是了，有的即将是！"今天，不但美国的底层人民，而且中产阶级都在怨叹要圆"美国梦"几乎不可能，但美国的主流媒体还在宣传五彩的泡沫。

参加"美国之春"运动的人是看破了这些泡沫的人，他们已经从经济斗争走向了政治斗争。虽然"美国之春"也像"占领华尔街"一样被软硬两手打压下去了，但美国制度存在的问题和弊病靠镇压是压不下去的。《纽约时报》在"美国之春"发生前不久就刊登了一篇《美国理想主义的终结》的文章，说："我们的很多机构要么存在根本缺陷，要么无法正常运转。……问题数不胜数，有些人感觉自己被排斥在了美国繁荣之外，明显不满。局面还能撑多久？"这个问题只有靠美国自己来回答了。

个人主义是至高无上的吗

西方挂在嘴上的价值观是"自由、民主、人权",其实,内心里最核心的价值观是个人主义。应该历史地看待近代的个人主义,看到从个人利益到个人主义再到极端个人主义的脉络,发展到现在,它的弊病已毕露无遗。西方哲学家已看到中国"更注重整体的统一和对秩序的维持"。

西方国家向来自视甚高,惯于站在道德的制高点上审视、指责别人。他们把外交称为"人权外交",只要是同他们想的、做的不一样,都斥之为异端邪说,有些人甚至恨不得让你马上从地球上消失。

他们经常挂在嘴上的价值观是"自由、民主、人权",其实,他们内心里最核心的价值观并不是这些。真正指导他们言行的、起决定作用的是个人主义。对他们来说,个人主义是至高无上的,自由、民主、人权之类,都是从个人主义派生出来的。

应该历史地看待个人主义。近代的个人主义,是在反封建主义的过程中形成、壮大的。它体现了个人对王权的反抗，对神权的蔑视。新生的资产阶级有了它，就可以充分发挥个人的聪明才智和吃苦精神，去争取自己的利益。他们由此出发去争取个人创业致富的自由和人与人之间在法律规范下的民主。因此，应该说近代个人主义的出现是时代的进步，同时又推动了时代向前发展。要看到从个人利益到个人主义再到极端个人主义的脉络，发展到现在，它的弊病已毕露无遗。

《美国新闻与世界报道》周刊（网络版）2010年4月9日发表该刊主编莫蒂默·朱克曼的文章说："从心理上说，我们的企业文化历来珍视个人主义、创业精神、务实态度和发明创新，随之而来的也有对法治的持久尊重……"

如果个人主义的定义限于这样的范畴之内，看起来很美。但是，现实生活中每天都在发生的，却是一些个人和个人集团在侵犯、剥夺另一些个人和阶层的利益。美国学者曼库尔·奥尔森在他的《国家的崛起与衰落》一书中说，美国制度的老化产生了一种"资格文化"："特殊利益集团通过优惠税额、特殊拨款、指定款项以及其他各种各样的特权，一点一点啃食国家财富。"吊诡的是，这些啃食者的价值观也是个人主义。

智利学者胡安·卡洛斯·艾科尔兹曾撰文指出："近几个世纪以来，自私自利成为人类的动力源泉。这就是给人类历史带来空前发展的资本主义的'发动机'。"这台发动机给人类带来了繁荣，同时也带来了殖民地、种族灭绝、黑奴、世界大战和环境的破坏。今天，很多西方人已在质疑个人主义的局限性和正当性。探讨个人主义与社会责任之间的关系，以及如何划清个人主义与合理、合法的个人雄心与个人利益之间的界限。

2008年金融危机爆发后，人们对华尔街的贪婪怒不可遏。这种只顾自己发财不惜坑害别人的卑劣行径，是不是还能用"个人主义"来解释和宽容呢？如果还称他们是"个人主义者"的话，只能叫"极端个人主义者"。学者们指出，反对国家监督的"新自由主义"经济思潮，其核心就是这种个人主义。因为个人主义反对权威和对个人的各种各样的支配，特别是国家对个人的支配。他们把国家看作是一种不可避免的弊病，而要追求让"无形的手"自己发挥作用的"无为而治"。里根总统就是这种主张的热情鼓吹者。

在个人主义的支配下，今天的西方资本主义社会已呈现出唯利是图、不思长远的社会风气。议员的眼光只看到下一届自己还能不能当选；董事会里的股东们只想着今年和明年还能不能赢利。不可否认，一些民众养成了干活要少、福利要多的懒散习惯。至于国家这艘船会遇到什么风浪，驶向哪里，似乎都不在个人的考虑范围之内。

美国专栏作家保罗·法雷尔在2012年1月10日的文章中写道："我们最大的问题是急功近利的思想文化。杜邦公司一位退休总裁说：'让投资者用长远眼光看问题很难，他们最多能看到未来两年。'"在这种思想指导下，军火商只想多卖武器，议员只想多讨好选民，金融家只想多卖证券……从个人主义角度来看，他们追求利益最大化的愿望都合情合理，无可指责。

资本主义的一大魔法就是把所有的东西都变成商品。它可以冷酷无情地把一切珍贵的、高雅的、有尊严的、贞洁的东西，拿到市场上去展卖，变成赤裸裸的金钱交易。难怪美国学者埃里克·霍弗讲了这么一句愤世嫉俗的话："每项伟大的事业都从运动开始，然后变成生意，最后变成勾当。"

西方有头脑的人已抬起头来，客观地看待现实，还常常把头转向东方，看看那里发生的事情。2010年上海世博会期间，法国哲学家弗朗索瓦·朱利安接受法国记者采访时说了一些意味深长的话。他说："当今世界有两种思想在交锋：第一种就是重视个人的人权思想，也就是笛卡儿的'我思故我在'。面对笛卡儿，中国的意识形态更加主张境遇主义。个人已融入宇宙空间、家庭，而非我们从希腊人那里发现的侵害他人权利的思想。"他并不完全赞同中国的意识形态，并且觉得中国是不是有点"对国民和自由的否定"的意味。但是，他说："今天，我们正在失去潜力，而远东正处于上升阶段。真正的问题在于我们不知道从何处着手解决问题。民主制度已变成一种不真实的、依靠传媒出名且毫无自信的、完全变成短期的制度。"

法国电力集团公司执行副总裁兼亚太区总裁马识路2011年撰文指出："盎格鲁—撒克逊社会的个人主义衍生形态五十多年来在欧洲和世界其他国家强制性地建立起来，其依据是，最能够代表总体利益的莫过于所有个体的利益，这一思想对人类是有害的，甚至是自杀性的。"

他欣赏中国的理念。他说："植根于一神论的西方在建构一种有关人与社会关系的个人主义观念时，中国却在人与人之间的关系方面发展了社群主义和整体主义的观念。""中国政体更注重整体的统一和对秩序的维持……郑和下西洋的壮举更说明了殖民主义的西方帝国和中国帝国之间的区别，中国从事的是商业贸易，而非殖民。"

他的愿望是："世界需要中国，以审视自身的意识形态、政治和社会模式；中国也需要世界，以完善自身的社会政治模式。"他在文末告诫说，中国不要幻想回到儒家的"黄金时代"，同时也应拒绝"生硬地照搬自诩带有普世性的外来文化"。

资本主义不再适合当今世界

> 资本主义病得很重,西方急着为它诊脉,却开不出良方。活不好,死不了,是它目前的状态。前景如何还真不好说。

资本主义发出了紧迫的 SOS 信号。

世界经济论坛主席施瓦布在 2012 年达沃斯论坛期间,对德国《金融时报》记者说:"人们绝对可以说,当前形式的资本主义制度不再适合当今世界。"凯雷集团常务董事戴维·鲁本斯说得更干脆:"如果我们西方不在三到四年内马上改进我们的经济模式,那么我们中的许多人一生所经历并认为最佳形式的那种资本主义就玩完了。"

人们只能感叹世道变化之快。在 20 世纪 90 年代初,西方还在欢呼资本主义已经征服了世界,"历史终结"了。才过去不到 20 年,现在轮到资本主义喊救命了。

资本主义病得很重,病史很长。19 世纪的繁荣与灾难且不去说它,到了 1929 年,资本主义大病一场。人们在历史书里读到,一夜之间，许多百万富翁沦为乞丐。一边是穷人挨饿，一边又在把牛奶倒进阴沟。这种令常人匪夷所思的大萧条，催生了罗斯福的新政和欧洲的福利国家。那时候，苏联是资本主义的一个参照物。不过，让美国真正走出萧条的是第二次世界大战。美国迟迟不参战，军火和军需工业十分兴旺。它还跟德国和日本保持"正常贸易"。

二战结束，美国成了西方的首富，西方资本主义渐入佳期。20世纪50年代经济开始增长。60年代似乎是黄金期。经合组织经济体年均增长5.3%。但是，问题也在积累，通货膨胀加剧，1967年英镑贬值14.3%。那时，美国已陷入越南战争的泥潭。70年代是重要的转折期。军费的无底洞令美国在1971年停止美元与黄金挂钩。摆脱了金本位之后，美国加快了印钞机的转速，开始把祸水引向世界。1973—1974年受到了"石油冲击"。1978—1979年出现了第二次石油危机。在通货膨胀与生产停滞同时发生的所谓"滞胀"压力下，"新自由主义"经济理论开始大行其道。在撒切尔和里根的领导下，化理论为政策，自由化进程开始了。到90年代，金融自由化和解除管制的步伐加快，他们相信市场有自我调节的能力。

对此满怀信心的重要人物就是美联储主席格林斯潘。信贷和举债经营迅速发展，股市一度繁荣。让人难识真面目的金融创新——比如复杂衍生金融产品之类——泛滥市场。他们玩的是"正面我赢，反面你输"的掷硬币游戏。据报道，市场上金融债券达600万亿美元之巨，是实际商品贸易的10倍。难怪有人形容是10匹恶狼（金融投机）盯着1只羔羊（实体经济）。资本主义到了如此荒谬的地步，能不出事吗？1992年欧洲出现汇率机制危机，后来美国出现IT股票泡沫危机，1997年发生亚洲金融危机，2007年次贷危机爆发了。

美国《时代周刊》网站2012年1月19日的署名文章说："资本主义显然未能发挥应有的作用：为所有人创造经济机遇和更美好的未来。我们在学校里学到，资本主义是一种奖励勤劳者和能人的精英模式。然而，2008年爆发金融危机之后，得益于资本主义的往往是有背景和有特权的人。"这种制度奖励了投机者，惩罚了老实人。人们不得不感叹"美国梦"破碎了。老百姓对自己和下一代能否过得更好丧失了信心。这也就迫使"占领华尔街"的人对1%富人发出了怒吼。

现在西方开始质疑堪称资本主义基石的东西。例如，"个人财产神圣不可侵犯"被认为是金科玉律，但希腊债务危机导致私人债务减记，这就等于剥夺了个人的财产。又如，"大到不能倒"导致纳税人为金融寡头的错误买单，这不是动摇了自由竞争的原则吗？

病根到底在哪里？西方不少人认为，现在并不是资本主义病了，而是政府病了。大家承认，所谓资本主义就是把什么都交给那只"看不见的手"来处理的观点是站不住脚的，20世纪90年代以来的"自由市场资本主义""金融资本主义""赌场资本主义"是行不通的。错就错在政府的政策有误。如果改变政策，资本主义仍然有效，因为人类历史上还没有其他哪种经济制度更善于创造财富和促进发展。

但是也有不少人不这么认为，他们想起了马克思。马克思认为资本主义一方面生产了丰富的产品，另一方面又让生产这些产品的人买不起这些东西。这是问题的症结。当美国1%的人拥有40%的财产的时候,谁还买得起新型的汽车和住房?要说政府的作用,首先得看是为谁服务的政府。2011年4月耶鲁大学出版社出版了特里·伊格尔顿的著作《马克思为什么是对的》。他介绍了马克思的一个重要观点,即资本主义是一种不断演化的历史现象。马克思解释了它如何兴起、运行,以及它最后的结局。

那么,资本主义是不是会马上死亡呢?许多人认为不会。新的、可以有效代替它的东西似乎并未成型。正如"占领华尔街"的人提不出具体的主张和方案一样,现在还看不到代替资本主义的具体的理论和实践。日本国际基督教大学客座教授岩井克人的观点具有代表性,他在2011年11月著文说:"资本主义并不是可以为所欲为的理想制度,但人们现在还只能在这种制度下谋生。这就是我对现实的看法。"

时任日本首相野田佳彦2011年9月在日本《文艺春秋》上著文说:"事实证明,一切都交给市场而不对其进行任何干预的主张是行不通的,因为市场不是万能的。关键是要取'中庸'之道。也就是说,既不能走极端的社会主义道路,也不能完全依赖市场原理,而要走彻底的现实主义之路。"

在智囊人物为资本主义出的主意中,有一种说法一时盛行,那就是"国家资本主义"应该代替"自由资本主义"。他们认为今天日子好过的国家实行的都是"国家资本主义",甚至把中国也归在这一类。如果政府的有形之手运作得好,无形的手就能发挥巨大的作用。但在当今西方学术界享有盛名的哈佛大学教授尼尔·弗格森不这么看。他认为不管哪国的政府都一直有"有形的手",都有"国家干预",他说:"真正的问题是哪些国家的法律和制度最为完善,不仅仅在实现快速的经济增长方面,而且同样重要的是还在以公平的方式分配增长成果方面。"

看来,虽然不满情绪高涨,西方现在还是想要救资本主义的人多,希望它马上死亡的人少。到底前途如何,只能让历史来回答了。

美国的制度是最好的吗

从历史发展看，美国民主是历史的进步。至少这是人类在尝试回答一个问题，即不由上帝和国王来治理国家，那该怎么治理呢？人民怎样才能当家做主？迄今为止，还没交出满意的答卷。看来，这个任务不能光由富人回答，而应该由全体人民来回答。

100多年前，以天朝自傲的中国人被洋枪洋炮打败，国破梦醒，眼睁睁看着一赔款就是几万万两，于是有些人从一个极端走向了另一个极端，觉得四书五经顶不过船坚炮利，从器物到制度，都是外国的好。

不知怎么一来，原来译作"米国""美利加"和"米里干"的国度，定译为"美国"，不知不觉赋予这个国家很多一厢情愿的美好想象。而美国则借助传教、商品和军舰，宣示自己是"山巅光耀之城"，是普世的榜样和希望。

特别是在冷战时期，美国借助电波一刻不停地向东方宣传：你们是专制的，我们是民主的。苏联的解体更给了天赐的证据：只有美国的制度是最好的，"历史终结论"风行一时。

这种攻势确实厉害，不少人被其俘虏，弄得神魂颠倒。一遇到问题，一遇到困难，不是想如何靠自己脚踏实地去解决，而是往沙发上一躺大发牢骚："制度不改，一事无成！"他们迷信，只要把中国的制度改得同美国一样，中国的一切问题就都解决了。

事实是最能说服人的。苏联为什么解体，这里且不去说它。苏联既然解体了，历史也终结了，那么，美国和西方的好日子不就应该烈火烹油了吗？"山巅之城"不就应该更光耀了吗？可是从1989年到2008年不到20年，他们做了些什么？日子过得怎么样？不用别人评判，他们的老百姓自己就嚷嚷起来了，岂止不满，简直是愤怒。这种所谓"民粹主义"的浪潮借着美国的制度成就了一次"政治不正确"的大选。

美国《纽约时报》2016年9月19日《不信任的时代》的文章说："自由民主国家里的许多人感觉自己被无法控制的力量摆布。""老百姓觉得制度被人操纵，精英不是为民众服务，而是为了捞钱。这是不信任的时代。没有哪位总统候选人像唐纳德·特朗普和希拉里·克林顿这样不受信任。"

是什么"无法控制的力量"在摆布老百姓呢？简言之，是资本的力量。在资本主义社会，一切都是商品，什么都可以讲讲价钱。形式上大家一人一票，很"民主"地把某人选上去当议员、当总统，可是一旦他们当上了议员和总统，究竟为谁服务，那就不是选民说了算了。现在特朗普当上总统了,有人提醒,别忘了,他曾写过一本书叫《交易的艺术》。

美国的制度是由宪法规定的,那么,宪法由谁来制定呢?要知道1789年参与起草的55位代表,有14人从事土地投机,24人放贷和投资,11人从事贸易和制造业,35人是奴隶主,还有15人拥有大庄园,至少有45人持有国家债券。其中,有的人"身兼数职"。简言之,他们都是富人,要由他们来起草一部从根本上保障穷人利益的宪法,那是缘木求鱼。《宪法》开宗明义第一句就是"人人生来平等",但当有人提出应该废除奴隶制时,却很快就被否定了。

在设计民主制度时,他们首先考虑的是防止穷人当上议员,所以设置了财富和受教育程度等限制。从那时起,宪法经过了27次修正,应该说投票权是越来越扩大了,有色人种、女人和穷人都有选举权,但实际效果如何呢?只有看实践了。

还有人说美国那么强大,说明制度就是好。不可否认,美国制度有其好的一面,但美国强大可并不完全靠制度。很多学者指出,得天独厚的地理环境也是美国顺利称霸的重要原因。美国有两洋护卫,还有两个不强的邻居,给了它很多便宜。19世纪它推出"门罗主义",而欧洲大陆至少经历了8场战争,隔洋观火的美国乘机实现了工业化。

200多年来,民主的美国经历了1次内战、4次暗杀总统、几十次经济危机和不可计数的种族冲突。暗杀亚伯拉罕·林肯和肯尼迪的凶手,都没有活到出庭受审。暗杀肯尼迪的嫌犯被抓住了,却在警察局被一个"自称太痛恨他"的人枪杀了。这些无头案成了千古之谜。也许有人说，这是为民主付出的代价，这个代价，是不是太大啦？同"自由、平等、博爱"的价值观相称吗？

不能否认，从历史发展看，美国民主是历史的进步。至少这是人类在尝试回答一个问题，即不由上帝和国王来治理国家，那该怎么治理呢？人民怎么样才能当家做主？迄今为止，还没交出满意的答卷。看来，这个任务不能光由富人回答，而应该由全体人民来回答。

现在有点儿不明白的是，这个制度是还可以改良呢还是越来越不行了，必须来一场革命？这要美国人民来回答，事关重大，全世界都在看着。

美国的民主和美国的枪

一次又一次的枪击惨案似乎令人麻木,但一个个冤魂让人难眠。自称民主的美国能解决这个问题吗?这个问题背后的整个社会问题正在拷问美国。美国还是多想想自己的问题吧!

新冠病毒与枪有什么关系?在很多国家确实没太大关系,但在美国则不然,仅3月份,美国人就购买了200多万支枪,而且有消息说,官方数字显然被压低了。

军火店老板海厄特先生说:"这一切都是因为病毒。人们相信,一旦发生大灾难,911电话(即类似中国的110)将无法打通。'卡特里娜'飓风期间,我们已经看出了这一点。人们不会忘记,不幸降临时国家是如何抛弃他们的。"

每当重大枪祸发生,人们一面谴责持枪带来的灾难,一面却又匆匆买枪自卫。这次病毒暴发,造成了很多从来没买枪的人购枪,尤以华裔为多,他们担心一旦社会秩序失控,自己以及家人店铺的安全没有保证。华裔还自发组织团体以便在危急时抱团儿自卫，不像以前那样任人施暴。

5月1日，美国密歇根州弗林特市一家连锁"一元家庭商店"的保安卡尔文·穆纳林在值班时拦下了准备进店的沙默尔·蒂格和她的女儿，因为她们未按州政府规定戴口罩，并要她们离开，发生了争执。她们离开后不久，沙默尔的丈夫拉马尼亚·毕肖普来到商店，指责保安不尊重蒂格，一人从头后开枪，将保安打死。可怜的穆纳林43岁，有9个孩子，而沙默尔即遭拘捕。两个家庭毁了！

又来了！这是我、我想也是很多人听到美国又发生枪击案时的心情。俄罗斯《独立报》网站8月13日的文章也是这么说的："美国枪击事件频发，而最可怕的是，普通民众对此已不再感到惊奇，无论是美国人还是外国人。美国对这类案件胆战心惊、深感遗憾、惊呼'又来了！'……然后一切照旧。外国人则常敷衍着评论道：'这就是美国，还有什么可期待的？'"

可是，失去的是一条条鲜活的生命啊！下面再讲一件真事。巴基斯坦的法拉赫·阿齐兹一家把女儿萨比卡送到美国留学。2018年5月，就在她即将结束在得克萨斯州休斯敦的一年留学生活时，圣菲中学发生了枪击案，她成为被同学开枪打死的十个人之一，而那时，恰逢斋月将结束，父母全家正在国内欢欢喜喜地为久别的女儿准备她最爱吃的食物。

为了悼念心爱的女儿，去年早些时候他们一家带着其余三个孩子前往休斯敦，在那所中学走了一圈，寻觅女儿的脚印。返程的飞机上，小女儿萨尼娅同一位美国老太太坐在一起，攀谈了起来，讲到了姐姐的死，那位老太太告诉她：她的44岁的儿子也死于枪支暴力，留下三个失去父亲的孙子孙女，两人泪眼相对。老太太说应该采取更多措施限制枪击买卖，否则……

伦敦摄政大学国际关系学教授西·梅克尔伯格于2019年8月10日写了一篇文章，题为"美国大规模枪击事件是病态社会的症状"，文章说："政客们也'诚挚'地表示慰问和祈祷，但这永远是别人的错。等到那些碰巧在错误的时间出现在错误的地方的人们被埋葬后，公众的兴趣逐渐消退，然后什么也不会做，绝对不做任何事情，然后人们几乎是听天由命地等着下一次大规模杀戮事件发生，同时不惜一切代价地克制着不去批评和惹恼强大的枪支游说集团全国步枪协会。"哪个议员要是得罪了这个协会，就是断了自己的官路。

现在美国政坛和舆论界至多说说"控枪"，绝对不敢说"禁枪"，似乎"宪法规定公民有持枪的权利"是不容置疑的事情。美国宪法是这么规定的吗？好在这一段法律条文不长，我反复把英文原文看了又看，不对啊！译成中文是这样的："对于一个自由州的安全是必需的有规范的民兵武装，人民持有并携带武器的权利不可受侵犯。"明明写的是民兵，不是每个人啊！

美国民间到底有多少枪呢？德国《时代》周报网站8月5日的文章说："即便很难查明确切的数字，但可以肯定的是，美国私人的持枪数量超过居民人数。"日内瓦高级国际关系与发展学院发布的《轻武器调查》认为，2017年平均每百名居民持枪120.5支。一个不好的消息是，随着美国社会各种矛盾的激化，近十年大规模枪击事件明显增多。自 2012 年发生可怕的桑迪胡克小学惨案后，已经发生了 2000 多起此类事件，近 2300 人死亡，近 8400 人受伤。

  为了戴不戴口罩，竟然要开枪来解决，民主的美国，你好自为之吧。美国有 3 亿多人口，若万分之一的枪响起来，也有 3 万多支啊！这个问题只能由你们自己解决，怪不得别人。

西方民主还真是一个问题

到底什么是民主？民主要不要带来经济的发展和老百姓的安居乐业？如果只有形式上的民主程序，却只让少数人发大财而带不来大多数人的幸福，这种民主是合法的吗？在"金钱是民主的母乳"的制度下，它是公正的吗？

2013年，金融危机进入第五个年头，生活在西方的人当然要问："我们怎么啦？"质疑的矛头不仅对准经济制度，同时也对准政治制度。美国前国家安全顾问、著名的国际问题专家布热津斯基2012年年初答记者问时说了一句：民主还真是一个问题。引起了不少人注意。

他的原话是这样的："今天的问题是，在失控和可能仅为少数人自私地谋取好处的金融体系下，在缺乏任何有效框架来给予我们更大、更雄心勃勃的目标的情况下，民主是否还能繁荣，这还真是一个问题。"

对于西方多党议会民主的质疑由来已久。民主思维与城邦民主制度的发源地在希腊,但现代民主肇端于西欧,成型在美国。它同基督教,特别是新教的教理密切相关。从反对封建主义的角度看,它是进步的,是有利于社会走向平等的。但人们注意到,民主是一个过程,它是从不民主渐渐地演进到较为民主的。这种探索还远未结束。

就说一人一票吧。开始时富人、男人才有选票。英国到20世纪初,城市人口占总人口90%以上了,还没做到一人一票。美国在独立战争后,一大批复员的穷人呼吁要土地,当政者十分恐慌,于是设计出了一个个障碍,让穷人、黑人、妇女都不可能在议会中占有一席之地,一直到1965年才做到一人一票。根据美国的法律,美国总统也不是一人一票直选的。美国的两党制让选民只能在他们设计好的框架内行使自己的民主权利。有一个真实的故事。一位中国留学生与一位美国室友一同观看美国竞选的电视,那位美国青年对中国学生说:"我们美国人多么可怜,只能在两个傻瓜当中挑选一个。"这半是玩笑,半是真话。

然而,在美国政客的嘴里,美国的民主制度是最好的,是全世界的样板。他们拿它当棍子一样去敲打一切与他们不同的民主模式。看谁不顺眼,就给谁扣上反民主的帽子。2012年俄罗斯的人选就是一个例子。普京当选,开启第三任总统生涯,他们怒火中烧。

美国最高法院分别在2010和2014年判决个人和企业的选举献金可不设上限,这就为"权钱政治"大开方便之门。没有钱,政客无法竞选;拿了谁的钱,就得为谁服务。西方甚至有人比喻说:"金钱是民主的母乳。"美国的院外游说活动十分活跃,那是在合法地进行见不得人的勾当。这样的民主制度，从程序上看，似乎很民主，但这种民主给广大老百姓带来了什么呢？中国俚语说得好："吃了人家的嘴短，拿了人家的手软。"这可是普世真理。

现在美国人在反思，为什么议会要在1999年废除1929年大萧条后第四年，即1933年通过的《格拉斯—斯蒂格尔法案》呢？那个法案规定一般商业银行不得从事投资银行那样的投机生意。如果那个法案没有废除，2007年的次贷危机也许不会发生，或不会那么严重。原因很简单，华尔街太强大了，他们可以操纵议会，让符合自己利益的新法案通过。

布热津斯基所说的"在失控和可能仅为少数人自私地谋取好处的金融体系"，就是这么"合法地"建立起来的。这是制度性的腐败，也是最大的腐败，它的效果是"窃钩者诛，窃国者侯"。

2008年金融危机爆发后，英国女王到伦敦经济政治学院与经济学家见面，问了一个令人尴尬的问题："为什么没有人预见到它的到来？"有人汗颜，也有人不平。英国《泰晤士报》刊登前议员马修·帕里斯的文章说："事实是，许多人都预见到了，却没有人听他们的意见……西方的思潮是相信并重用任何告诉我们可以拥有一切的人，并且全盘接纳他们为我们打造的金融产品和政治方针。"这些痛心之语道出了到底是什么在主宰西方民主的真谛。

受"占领华尔街"的影响，英国也出现了一个"占领伦敦"的运动。他们有一个经济学家工作组。它的两名成员2012年1月25日在英国《金融时报》上撰文说："世界正面临经济危机。但我们政治体系中存在的种种问题，使得危机无法以一种保护最大人群利益的方式加以解决。"美国"占领华尔街"的一位代表、24岁的玛丽亚在达沃斯论坛上说："我们的目标就是独立思考。我们关注的不是解决方案，我们想改变寻找解决方案的过程。"这些言论给人的信息是：人们反思的不仅仅是经济政策，更关心导致这些政策的政治制度。

反思涉及了西方民主的一个深层次的问题，即这种民主的合法性。合法性现在是西方大亨拿在手里敲打别国的一根狼牙棒，动不动就说你的政府缺乏合法性。然而，这根棒现在看来要敲到他们自己的头上了。

据西班牙埃菲社2012年1月27日报道，参加世界社会论坛的一些知名学者一致认为："欧洲民主已经被贪婪的金融市场绑架，而且这个没有底线的市场现在已经威胁到了人权和政治权。"葡萄牙社会学家阿·德·桑托斯说："欧洲的民主和宪法都不合格，现在主宰它们的是高盛公司。"他说，目前的危机让人"有理由认为资本主义是反民主的"。法国著名经济学家保罗·若里翁2011年12月对法国《论坛报》记者说："选举改变不了什么。……在这个逐渐衰落的制度面前，政客们已经没有任何回旋余地。无论身在哪个阵营，他们唯一能做的是假装还控制着局面。解决问题的希望只可能来自那些明白问题本质的人。"

他们实际上提出了一个发人深省的问题：到底什么是民主？民主要不要带来经济的发展和老百姓的安居乐业？如果只有形式上的民主程序（当然，程序也是很重要的），却只让少数人发大财而带不来大多数人的幸福，这种民主是合法的吗？

　　西方该赶快行动了，不要总是拿着民主大棒去找敌人。德国《时代周报》网站2011年7月24日的文章借用一个卡通动物的形象说："我看到敌人了，敌人就是我们自己。"

美国民主迷梦的幻灭

西方一贯认为自己的民主制度是最好的,可是近20年来却一错再错。一些人开始自问,为什么美国在做出重要决定例如攻打伊拉克时,理智、逻辑和真相所起的作用会急剧减少?什么东西从根子上出了毛病?

侥胜易生轻狂,挫折催人反思。回顾20世纪最后10年到21世纪头十多年的历史,人们目睹了西方,特别是美国,从欣喜若狂到受挫沮丧的戏剧性变化。现在他们不得不思考两个沉重的问题:一是为什么会打大伤元气的"反恐战争";二是为什么经济危机会如此严重。在这两大问题后面还有一个根本性的问题:既然西方民主体制在他们嘴里是如此完美,为什么不能防止这些灾难发生呢?

在美国出兵伊拉克前,美国媒体众口一词地喊打,几乎听不到反对的声音。在国会里呢?美国《时代周刊》2007年5月28日一期文章说:"美国发动对伊拉克的入侵前不久,任职时间最长的参议员、来自西弗吉尼亚州的罗伯特·伯德在议员席上说：'这个议院大多数时候都沉默着，这是一种不祥的、可怕的沉默。没有争辩，没有讨论，没人打算为这个国家列出这场特殊战争的利弊，什么也没有。我们在美国参议院保持着被动的沉默！'"

对此，美国前副总统戈尔在他2007年出版的著作《戈尔的最后诱惑》中写道："伯德提出的是个具体的问题，在它背后是我们无数人一直在问的大问题：'今天，在美国人要做出重要决定的时候，理智、逻辑和真相所起的作用为什么会急剧减少？'"

他写道："我们有国会，有独立的司法部门，有权力制衡。我们是有法制的国家。我们有言论自由，有新闻自由，这些都不管用了吗？"他忧心忡忡地说："美国民主正处于危险之中……我知道，不只我一个人觉得什么东西从根子上出了毛病。"

现在美国不少人在反思，戈尔先生因曾身处美国权力中心，他从里面看的一定更多一些，做的反思要比一般人更深一些。现在知道，当时处于癫狂状态的新保守主义权势集团，早就决定要打伊拉克了。不管萨达姆有没有大规模杀伤性武器，不管他与基地组织有没有联系，这个仗是非打不可的。因为这是他们控制中东从而独霸世界战略的一部分。媒体喧嚣，参院沉默，老百姓上当，这一切都在民主的光环下发生。

再说说经济。德国《南德意志报》2010年4月6日的文章说："人们曾经这样认为，自由的民主政权与市场经济制度相结合是西方工业国的成功模式。这种结合当时不仅比计划经济和专制更有贯彻力，而且是唯一选项。"可惜，如果在30年前说这样的话，大家不由得不信；可是，今天美国、欧洲的现实又不能不使人另有想法。看看希腊吧，那是西方民主理念的诞生地，今天却陷入破产境地。这是理念不敌现实的一个可悲的案例。

人们在分析美国发生次贷危机的原因时，都看到华尔街游说集团的魔力和蛮横。他们可以威胁利诱议会通过有利于自己的法律，以便放开手脚在虚拟市场上兴风作浪。金钱可以操纵政治，这是西方议会民主的癌症。

美国《外交政策》双月刊2007年9/10月一期刊登了美国前劳工部长、加利福尼亚大学教授罗伯特·赖克写的《资本主义是怎样扼杀民主的》文章，他写道："说得明白一点吧：民主的目的是实现我们以个人之力所无法实现的目标。但是，假如公司利用政治来加强或维护它们的竞争地位，或者貌似肩负起它们实际上没有能力或权力去履行的社会责任，那么民主就不可能完成这一任务。这样一来，社会就无法兼顾促进经济增长和消除社会难题这两者。"

"占领华尔街"的运动就是对这种金钱霸权的抗议，但是这种霸权太强大又太隐蔽了，所以，看似每人手中都握有一张选票，却无法用它来改变这种现实。令美国有良知的人心惊胆寒的一件事是，美国最高法院2010年1月裁决，在选举中，允许各个企业可以无限制地捐款助选。这就让有钱人可以合法地、明目张胆地去影响选举结果。结果，美国议会就成了出资人可以根据出资多少玩弄的股份公司了。

英国2010年发生了这么件事。媒体记者假装企业老总去试探议员能否帮企业疏通官场以影响政策的制定。工党前内阁大臣、议员斯蒂芬·拜尔斯满口答应，并自诩在这方面"业绩优良"。他称自己像"一辆出租车"为人帮忙，不过车费可不低，要每天5000英镑，约等于一般人三个月的收入。还有一位前大臣暗示，只要肯掏钱，他就有机会见到前首相托尼·布莱尔。在这场丑剧中一共有三名前大臣中招。

美国前总统卡特2007年5月在接受记者采访时感慨地说："难以想象，乔治·华盛顿和托马斯·杰斐逊要是活到今天，还能当上美国总统吗？！我们永远也不知道，有多少具备优秀总统潜质的人，就因为不愿意或者不能够采取一种能够募集到大量竞选经费的政策，而使得他们永远与总统宝座无缘。"

今天的美国政坛呈现两大怪象，一是难以做出正确的政治决定，二是因政党恶斗干脆做不出决定。美国《新闻周刊》2009年6月22日刊登法里德·扎卡利亚的文章说："现代民主制度的弊病是：它不能为了长远利益而将短期痛苦强加于人。20年来，最严肃的结构性问题——社会保障、医疗保险、移民——一直没有解决。"议员最关心的问题是自己下届还能不能当选。一味讨好选民、做出过高的许诺是他们的职业特点，其结果是美国债台高筑，市场竞争力大降，人民的长远利益被放在一边。

与此同时，人们批评说："充满恶意的两党之争几乎让政府瘫痪。这个国家的领袖已经脱离人民。"曾因提出"历史的终结"而受到嘲讽的弗兰克·福山教授，最近也对他曾认为至善至美的民主政体提出了质疑。《纽约时报》2012年4月22日文章说："他的研究引导他针对美国当今的政治秩序提出了一个非常激进的问题，即美国是否已从一个民主政体变成了一个'否决政体'——从一种旨在防止当政者集中过多权力的制度，变成了一个谁都无法集中足够权力从而做出重要决定的制度？"福山说："现在存在权威危机，而我们却没有准备好思考这方面的问题。"

近年来，美国媒体发表了许多叹息"美国梦"幻灭的文章。是的，美国已不是凭狂野精神开拓西部时的美国了，已不是可以到海外侵占殖民地时的美国了，已不是利用两次世界大战的机会大力发展、扩大市场时的美国了，已不是冷战后独霸世界的美国了。曾在一片浮华中掩盖的矛盾现在尖锐地暴露出来了。美国病重，可有良方？

西方看不懂中国的民主

中国的民主一直受到西方的攻击,但西方也有些人在慢慢改变看法。要西方根本改变偏见很难,解决这个问题的最好办法是我们自己要做好,事实胜于雄辩。现在西方很担心中国的成功会动摇他们的信仰。

自新中国成立以来,我们就一直受到西方的封锁、遏制、谩骂和攻击。改革开放之后,西方也一直是"遏制加接触"。他们用西方的标准来衡量中国,不知多少次宣布中国"即将崩溃",可是中国不但没有崩溃,反而成了世界上第二大经济体。西方人就是弄不明白,"民主加市场"是唯一成功的模式,这条"金科玉律",为什么不适用于中国?如果中国成功了,西方的民主模式岂不是要从神坛上跌下来了吗?

西方这方面的言论很多,这里引用比较典型的一条略加分析。德国《南德意志报》2010年4月6日刊登了一篇文章,题目就很吓人:

《铁丝网后的富裕》，它的原文提要是："冷战中，自由国家保持着对专制政体的优势。但中国的崛起表明：经济没有民主保障也能增长。"作者显然是想解释为什么中国的经济发展那么快，可惜戴着一副有色眼镜。

他写道："今天人们知道，政治学家弗朗西斯·福山宣告的'历史的终结'其实是一个难以一览全貌的新格局的开始。今天有中国在，这个一党专政国家根本达不到公民权的最低标准，却不仅积累了世界最多的外汇储备，而且也蓄积了巨大的经济力量，令中国的需求足以左右全球市场活动。偏偏是一种如此古老的政治制度实现了与世界经济的一体化，并成功适应了意识形态敌人的经济制度。……作为与民主的市场经济国家截然相反的模式，中国的意义已无法抹杀。对发展中国家的那些半专制或完全专制政体而言，中国是个诱人的选项。"

他提到了福山教授的历史终结论。回想当时，西方是何等的得意，大有"请看今日之域中，竟是谁家之天下"的神色。可是，事不遂人愿，世界的潮流并没有按照"新保守主义"派的愿望行进，在他们看来本应崩溃的中国兴旺起来了，而本应江山永昌的西方却陷入了危机。这使西方难以接受，更难以理解。于是，民主就成了他们仍可自居道德高地、居高临下贬损中国的最好说词。

处境尴尬的福山先生出来澄清说，不，不，你们不要误解了我，我的理论同布什打伊拉克没有关系。他在2007年4月就在文章中说："所谓自由社会，就是一种以个人自由和法治为特点的政治秩序。想要生活在自由社会的欲望是日积月累形成的，这经常是实现现代化后的副产品。……民主转型需要民主的社会来驱动，而执政者要求一定的机制，因此这通常是一个漫长的进程。"

我们在这里可以看到西方有两种观点：一种坚持认为只有实现了民主才能发展经济；另一种认为随着经济的发展，某些具备一定条件的社会的民主制度会逐步成熟起来。民主是一个过程。民主虽是共同的追求，但追求的起点和道路各不相同，实现的形式也各有特点。如果非把西方的鞋作为标准，强使各国削足适履，那不是无知就是用心不良，也断不可能让别国就范。

明白这个道理的人日渐增多。德国外交政策协会研究中心主任桑德施奈德教授2007年4月在一个集会上说："按照我们的想法去改造中国是不可能的。我们无法把西方的标准强加给中国，不得不改变的是我们自己。"那年他写了一本书，题为"全球的竞争者：中国不祥的腾飞和西方的昏厥"。他对中国的发展感到惊讶，对西方的不争气表示失望。不过，他还是认为中国是"不民主的制度取得了非常好的经济成就"，"向西方提出了特殊的挑战"。

中国真的没有民主吗？西方也有不少人不这么看。德国汉诺威的社会哲学家奥斯卡·内格特在2008年也出版了一本书，书名是《以龙作为形象标志的中国现代化与欧洲的现代神话》。他认为中国正在进行当代最伟大的社会实验，"中国定将实现一种特殊的民主，这种民主将考虑到这个大国的社会、文化和经济特点。这种亚洲'社会主义民主'所涉及的是史无前例地继续思考'孔子的公共伦理'，而不是抽象地复制西方资产阶级民主"。

事实胜于雄辩。2008年金融危机爆发后,世界各国都好像面临一场"大考"。老百姓俗话说得好:"是骡子是马拉出来遛遛。"这一遛,连福山先生也坐不住了。他在2011年1月17日写了篇《美国没有什么可教给中国的》文章,认为中国妥然应对经济危机,是因为中国能"迅速做出复杂的重大决定,而且……使决定得到较好的落实"。美国《时代周刊》同年1月20日一期刊登署名文章评论说,福山说得对,"中国能很快适应新形势,做出艰难的决定,然后贯彻落实。而美国人的宪法制衡原则虽然保障了个人自由,使私营部门充满活力,但现在已变得对立、分化和僵化"。文章还说:"在美国政治体系中,金钱已经成为选举的王牌,最高法院认可企业有权利用雄厚的经济实力来支持有利于它经营的候选人和政策……中国恰恰相反,中国的制度不可能牺牲整个体系的需要,让企业参与政府的决策,从而满足它们的底线……福山似乎在警告,按达尔文的说法,中国的制度可能比自由国家更具适应性。"

说到适应性,美国《外交政策》杂志网站2010年10月14日的文章也有论述。它写道:"中国社会已经发生了变化,其政党政权也在发生变化。为了稳固权力,共产党变得适应性更强了。而且它也进行了一些重要的改革。这些措施并未使中国走上西方的道路。但它确实反映了一种进化的政权与社会之间的博弈——对国家权力的独裁使用受到了更多限制,个人获得了更多自由,社会行动有了更多空间。"

西方人能有这样的认识,实属不易,也还不普遍。这可以给我们一个启示,说得好不如做得好。你做好了,别人再有偏见,也难全盘抹杀。有一条新闻在西方引起了一阵震动,说世界大型企业研究会2012年5月问了70名企业首席执行官一个问题:你认为世界上哪些组织最称职可信?他们把"跨国公司"排在第一位,把"中央银行"排在第二位,把中国共产党排在第三位。而美国总统仅获33%,美国国会只获5%。当然这些数字并不能说明很多问题,但却可以引起我们很多思考。

当西方攻击我们不民主时,我们当然要理直气壮地反驳。但我们同时也清楚,我们的民主制度仍有许多不完善的地方。有时制度是好的,却执行得不理想,甚至走样,这都得不断完善。中国100多年前才没有了皇帝。被皇帝统治了几千年的中国怎么样真正做到"人民当家作主",实在不是一件容易的事情。我们走过曲折的道路,付出过巨大的代价,从历史长河看,这种探索只能说刚刚开始。路还长,但我们充满信心,只要从实际出发,融合中西之长,一定能走出一条自己的路来。

民主没有标准答案

人类对于民主的探索，大约有两千五百年的历史了。在漫长的历史长河中，特别是推翻了皇帝和国王后，如何做到"人民当家作主"，有许许多多的尝试。到底什么才是真正的民主呢？

什么叫民主？世界上是否存在一种尽善尽美的民主？在西方资本主义国家的黄金时代，他们在本土实行的民主制度，曾被奉为圭臬，说成是人类的楷模。然而，这些自认生活在"山巅光耀之城"里的高贵的公民，不肯说说被他们统治的殖民地人民的生活真相，也不肯说说与他们住在一起的印第安人和黑人的生活真相。

正如马克思在《不列颠在印度统治未来的结果》中说："当我们把自己的目光从资产阶级文明的故乡转向殖民地的时候，资产阶级的极端伪善和它的野蛮本性就赤裸裸地呈现在我们面前。它在故乡还装出一副体面的样子，而在殖民地就丝毫不加掩饰了。"泰戈尔晚年就愤然放弃英国女王赐给他的爵士称号，以示极度的失望和强烈的抗议。

对于西方多党议会民主的衡量,不能简单地用"好"与"坏"来评价。从历史长河看,争取独立的一批美国资产阶级和农场主精英,继承了他们故乡欧洲的民主传统,在1776年写出了美国《独立宣言》,那里表达的理念是对人类的杰出贡献,是推动历史车轮向前的壮举。宣言一开头就说:"我们认为这一真理是不言而喻的:人人生而平等,造物主赋予他们若干不可剥夺的权利,其中包括生命权、自由权和追求幸福的权利。"

可是,当代表们在宣言上签字的时候,他们的农场里仍有大量的黑奴。我曾参观过华盛顿的故居,黑奴居住的简陋的房舍至今还保存着。美国到1920年妇女才有选举权,1965年黑人才真正拥有投票权,离签字已189年了。理念的高尚并不能代表实践的正当。美国的选举权迟迟不放开,是为了防止穷人真正的代表进入议会,从而通过法律来剥夺富人的财产权。

从美国200多年的历史来看,开国元勋们崇高的理念并不是在逐步变为现实,而是逐步丧失。到了现代,更是明目张胆违背了这些理念。在最初的理想设计中,议员是人民的代表,他们一定会为广大人民的根本利益代言;而三权分立,是为了权力监督和制衡,防止独揽。但是一到实践中,问题接踵而来。

1787年,也就是《独立宣言》发表之后11年,开国元勋之一汉密尔顿到一些州视察,发现"(议员的)问题总是想怎么讨好而不是有益于人民"。他进一步发现,选民往往把票投给"吸引他们的本性最恶劣的煽动家"。

美国《基督教科学箴言报》2008年3月25日刊登署名文章说："如今，我们的公共话题更加粗俗，标准更加低下，我们容忍一个政党公然将美国人分成敌对的阵营，因为它相信这种战略将在选举中给它带来微弱的优势。在这种环境下，几乎不可能就重要问题开展成熟、稳重、理性的全国辩论。"作者颇为沉重地自问："美国是否能确保民主持续下去？我们时代的一个标志在于，我们无法确定这些问题的答案是肯定的。"

英国社会科学家柯林·克劳奇2004年写了一本名叫《后民主》的书。他在2007年的一篇文章中进一步分析了民主在当今西方面临的社会环境："社会仍然没有变成'无阶级'。后工业社会的广大普通就业人员也许没有找到其本身以及他们切身利益的明确定义。但是，与此相反，企业管理人员和大金融机构越来越明确地把自己视作统一的阶级。……因此，一方是强大但没有组织起来的群众，另一方是强大但善于表达的经济精英，新的冲突线在他们之间伸展。……我把这种情况描绘成'后民主'。"如果看一看"占领华尔街"的运动，这种冲突就不难理解。精英们不但可以用金钱影响议会，而且可以用别人难以读懂的文字和图表来蒙骗民众。经济界人士说，华尔街设计的"复杂衍生金融产品"，有时连设计者本人都弄不懂。

在这样一种社会状况下要实现真正的民主，实现开国元勋们的理想，真是难上加难。所以法里德·扎卡里亚2009年6月22日在《新闻周刊》上撰文分析当前的经济危机时说："这是一场金融危机、民主危机、全球化危机，从根本上说是道德危机。"

大家已经看到，今天西方多党议会民主至少有三个致命伤：一是金钱对政治的操控，二是议员为了自己当选讨好选民而缺乏长远政治眼光，三是政党恶斗而使政治机器几近瘫痪。在这三者后面还有一个更深层次的致命伤，那就是个人主义。资本主义社会的伦理基础就是个人主义。美国《独立评论》2007年秋季号刊登哈佛大学政治学和法学双博士丹尼尔·崔的文章说："个人主义之所以出现，是因为个人养成了对自力更生的'傲慢的自信心'，不再设想自己怎么'还可能重新需要彼此的帮助'。这预示着公民社会中协作的所有形式的终结。……个人主义如果肆虐，显然会产生十分严重的后果。它会扼杀经济繁荣，阻碍知识的进步，把文明重新推向野蛮，使人民准备遭受奴役。"

西方民主制度的内在矛盾是明摆着的，现在的问题是他们是否有能力和办法来克服它们？如若做不到，那只能在这种困顿中迎来更大的社会风暴。德国《时代周报》2008年1月3日一期刊登该报编辑、政治分析家特奥·佐默的一篇文章，原文提要是："今后50年将带来什么：西方的影响力减弱，亚洲崛起，恐怖活动减少。如果资本主义不能很好地解决不平等问题，它有可能走向灭亡。"他写道："关于人类前途的重要讨论将围绕这一点：……资本主义是否已学会将竞争力与社会团结联系起来？"

现在的西方民主制度能做到这一点吗？很难。作为地球村的一员，非西方的社会并不想看西方的笑话，全球化已使各国的利益交织在一起，为人类长远利益计，还是希望西方能继续探索，开辟新的天地。

前进的第一步是自省，而不是自傲。民主不要挂在嘴上，而要付诸行动。有一个诡异的现象大家疏忽了：大约从20世纪中叶起，人们开始并没有注意到，后来忽然发现，他们几乎不再称自己是"资本主义"，而是用"民主国家"来自称。渐渐地，他们便登上"民主神坛"来指点芸芸众生发号施令了。"资本主义"一词同"剥削""殖民主义""贪婪""奴役"脱不了干系，而用"民主"一词，则闪耀着迷人的光彩。现在是西方卸下光环赶紧自救的时候了。

人类对于民主的探索，大约有2500年的历史了。古希腊的苏格拉底研究过雅典工商奴隶主民主和斯巴达大土地奴隶主寡头政治。他是倾向民主的，却被那个民主政体判处了死刑。他的学生柏拉图主张建立超越民主政治和寡头政治的新体制，写了著名的《理想国》，主张让"哲学王"来治理国家，结果只留下了一些理念。在漫长的历史长河中，特别是推翻了皇帝和国王后，如何做到"人民当家作主"，有许许多多的尝试。丘吉尔说现代议会民主是"最坏的，除了已经尝试过的以外"，其实是说，它是在试了各种办法之后不得不接受的最不差的一个。既然并不令人满意，那就还得继续探索。这里就有三个根本问题：一是如何保证选举的公正和有序，以及政权的顺利交接；二是当选的执政者是否真正以人为本；如何监督；三是如何把握好民主与集中的度。如果集中是众口诺诺，一人专断，如果民主是众口嚣嚣，莫衷一是，两者都会带来灾难。民主现在没有标准答案，也永远不会有标准答案。它要求人类不倦地探索，在当前的历史阶段，各国只能根据本国的实际情况，找到"合脚的鞋"，不必迷信别人的鞋看上去有多么漂亮。

所谓普世

SUOWEIPUSHI

不畏浮云遮望眼
西方民主透析

美国和西方热衷所谓"普世价值"。西方的价值观和社会制度是历史的产物，有其存在的合理性，也有其历史局限性，西方学者已看到它们正在"老化""蜕变""衰落"，但替而代之的东西并不清楚，他们只是在自负的观念中转圈子，看不到或不愿意看到与西方不同的价值观的合理性、进步性，所以感到迷茫，失去了方向。

所谓普世
-SUOWEIPUSHI-

替天行道还是霸迷心窍

动用武力推行民主已在美国和西方民众中引起强烈反感。人们批评说，声称美国有权将民主强加于其他国家，是傲慢自大的表现。实现民主既不能输入，也不能外包，而要靠所在国人民自己探索和逐渐适应。同时，实行民主离不开经济发展。

冷战结束后，美国的新保守主义权势集团得意忘形，霸迷心窍，很快就把自己装扮成替天行道的天使，要在全世界强力推行"民主"。他们不但把这个主张写进《美国国家安全战略报告》，而且急不可待地付诸行动。"9·11"则给他们带来了一个绝妙的借口和机会。

美国《外交政策》杂志2003年11/12月一期刊登了华盛顿和平与自由中心主任迪米特里·西梅斯的一篇文章。他写道："苏联的分崩离析，消除了美国的国际行为受到的最主要的外在约束。在这种环境下，出现了一种新的乌托邦理想，即认为美国既有资格，也有义务在它认为适当的地方促进民主——必要时不惜动用武力。他们显然认为，只有发动一场世界范围内的持久革命才能满足美国的胃口。"

这就是当时的时代背景。他们认为美国的军力无与伦比，经济首屈一指，而价值观又是世界上唯一的真理。所以，打着"民主"的旗号来独霸世界就是替天行道、名正言顺的神圣使命。他们推行"大中东民主计划"只是这项"伟大"事业的第一步。

结果怎么样呢？美军已灰溜溜地离开了伊拉克。那里现在虽然已有一个民主的形式，但内部的纷争、分裂与恐怖的爆炸给老百姓带来了难言的苦难，不知到什么时候这种局面才会演变成大家可以接受的民主。美国战略与国际问题研究中心研究员、美国国家安全委员会前顾问爱德华·勒特韦克2007年1月就对记者说："布什的政治方案是要把伊拉克变成一个民主国家，这个目标从一开始就是无法实现的。这是一项不可能完成的使命，所以，向伊拉克增兵也无济于事。"十多年又过去了，不知布什看到今天的伊拉克有何感想。

阿富汗更是美国人捧着的一个烫手山芋。曾在阿富汗工作几十年的伦敦政治经济学院研究员安东尼奥·朱斯托2010年编撰了一本书，题为"解密新塔利班：阿富汗实地考察"。书中批评了强行推行民主的人，认为这种试图用武力自上而下强加"民主"的"善意"的支持者们，至少是受理想主义影响太久了。美国兰德公司阿富汗问题专家塞思·琼斯，在美国《外交政策》双月刊2010年5/6月号上对此书评论说："如果听从朱斯托的建议，谋求阿富汗稳定的西方官员们一定会大有收获。一开始，他们必须承认：没有最理想的国家组织形式，在解决公众管理问题方面向来都没有轮廓鲜明的'最佳做法'。……华盛顿面临的挑战是，如何把它在管理做法方面的知识与它对当地局势的更深刻的理解结合起来。"

他说，阿富汗的社会结构现实是：人们根据共同男性祖先的血脉分为部落、次部落、宗族和其他小分部。他们有荣誉感、好客、为避难者提供保护和血族复仇的传统。他们有自己的"支尔格大会"和"舒拉"协商会议。在这样一个结构中马上要强加一个"一人一票"的多党西方议会民主，无异于天方夜谭。

美国实际上已放弃了在那里建立民主的幻想。美国前线官兵听到阿富汗人说"你们有手表，我们有时间"，心里感到害怕。琼斯在文末这样写道："阿富汗旧有的君主制模式对如今的阿富汗有用。它将中央政府在农村地区自上而下的努力，与让农村地区的部落和其他社区参与进来的自下而上的努力结合起来。"兰德公司的智库精英忽然明白了在阿富汗还得借用旧日的君主制，真令人不胜感慨。

动用武力推行民主已在美国和西方引起强烈反感。美国的盟国巴不得早日从阿富汗撤军。人们批评说："声称美国有权将民主强加于其他国家，而不管它们的境况和选择如何，是傲慢自大的表现。从罗马帝国到大英帝国，用刺刀带来的文明从未博得过持久的感激。"他们也认识到，实现民主"既不能输入，也不能外包"，而要靠所在国人民自己探索和逐渐适应。同时，民主离不开经济的发展。美国《华盛顿观察》周刊（网络版）2006年11月8日的文章说："在国民生产总值没有达到一定水平的国家和地区，民主是无法生存的，即使强行推行，也只会换来适得其反的结果，培育出有人称之为'不自由民主'的邪恶事物来——即那种以大众之名行独裁之实的民主。"

迪米特里·西梅斯指出，美国确有不少具有普世情怀的人，他们错误地相信民主是治愈世界上一切弊病（包括恐怖主义在内）的法宝，而且美国有责任在世界上任何缺乏民主的地方推动民主政府的发展。其实，只要看看美国家门口的海地就会明白这是一种迷思。海地曾是法国殖民地，又被美国统治了近20年，过去20年又实行了美式"民主化"，但却成了个一贫如洗的"失败国家"。这样的例子在非洲比比皆是。如果美国真的悲天悯人，为什么不先把海地改造好，何必大老远地跑到中东去动刀动枪呢？原因很简单，海地没有石油。

还有人指出了美国的虚伪和双重标准。美国《外交政策》双月刊2008年1/2月号文章说，哈佛大学国际事务学院教务长若热·多明格斯指出："美国《独立宣言》的开篇几句话就提到，美国不应该把自己的看法强加给别国。真正意义上的自由意味着允许别人走不同的道路。但是今天的美国越来越反其道而行之。许多国际准则，无论是在人权、贸易还是环境方面，有些甚至是美国一手主导创建的国际法律，美国期望别国遵守，自己却背而行之。"

伊朗的核问题是当今的热点，在西方舆论的渲染下，人们似乎相信伊朗是在冒天下之大不韪而图一己之私利。耶鲁大学历史学教授阿巴斯·阿马纳特2006年5月25日在《纽约时报》网站讲了几句公道话。他说："每个伊朗学童都知道，中央情报局发动的1953年政变推翻了穆罕默德·摩萨台总理的政府。……摩萨台在1951年至1953年期间领导的石油国有化运动遭到了英国的反对，后来也遭到了英国利益伙伴美国的反对。英美当时那种自以为是的态度与目前它们对伊朗核问题的看法一模一样。""这些痛苦的集体记忆使伊朗对核能的追求成了民族反抗精神的象征,而不仅仅是现在这个伊斯兰政权的目的。"

政变与民选是两个截然不同的概念,美国岂能不懂?但只要美国觉得哪个好用,就会毫不犹豫地去用哪一个。美国推翻了伊朗、智利、危地马拉等一长串国家的民选政府。近来所谓的"颜色革命",则是披着民主外衣、动用巧实力的政变而已。正如美国学者乔姆斯基指出的:美国确实支持海外的民主——"假如或者只有在符合其自身战略和经济利益的情况下"。

从霸权到霸凌是美国的悲哀

美国的先民还是有理想的,但一代代人被资本引诱和胁迫走上了霸权主义的道路,今天被特朗普表演得戏味十足的"霸凌主义"实在是美国的悲哀。

美国的霸权主义,大家早就领教了。特朗普登台后,人们忽然觉得"霸权主义"这个词已不足以概括美国的言行和做派,于是"霸凌主义"这个词就上了世界的报刊网站,广为流传。

有霸凌恶习的人,想说什么说什么,想干什么干什么,一点儿不顾及别人的感受,你若想讲讲道理,他眼一瞪,叱道:"美国第一!"

美国领导人今天成了这个样子,想想也真有点悲哀,若美国的开国元老们在天有灵,不知作何感想。略知美国历史的人都知道,美国是个移民的年轻国家。1620年11月11日,从英国开来的"五月花号"在美洲登陆,船上大多是贫穷的逃避宗教歧视的清教徒。他们美好的梦想是在新大陆建立真正的"人间天堂",下船前签订了《五月花号公约》,以上帝的名义,约定一切要按照"平等公正"的原则行事。这公约后来成了美国建国的指导思想,并最终体现在美国的宪法里。

但是,理想与现实总有距离,美好的愿望遇到实际问题就会产生矛盾,有时是尖锐的、对抗性的矛盾。且不说如何对待与黑人的平等,也不说以财产多少来授予选举权是否公正,就说说美国建国初期的"汉密尔顿与杰斐逊之争",就可以看出一直存在着一个"美国向何处去"的要害问题。

汉密尔顿是资本主义的坚定拥护者,代表东北部新兴商人、投机者和债权人的利益。他采用的是英国 17 世纪所采用的国债、保护性关税、银行、信用制度、发展制造业等手段和政策。而杰斐逊则是广大农场主和下层群众利益的代言人,主张重农抑商,具有田园牧歌式的色彩。有人评论说这是一种"小资产阶级的农业社会主义"。

现在看来,汉密尔顿赢了,美国不但建成了发达的资本主义,而且在第一次世界大战后逐步取代英国成了世界霸主。不过,这种霸主身份开始是以一种十分"开明""合法""温和"的形式赢得世界的背书的,最具有象征意义的事件是 1945 年 6 月 26 日在美国旧金山退伍军人纪念大厦举行《联合国宪章》的签字仪式。

但是,很快大家都失望了。英国首相丘吉尔和美国总统杜鲁门宣布"冷战"开始,从此世界又进入了动荡和艰苦的新时期。半个多世纪的世界风云不必细说,但有一点是明明白白地摆在大家面前的:因为苏联解体而一度癫狂的西方资本主义,并没有因为主要对手的失败而兴旺发达起来,反而因为劳民伤财的"反恐战争"和 2008 年的经济危机而在走下坡路。

于是，特朗普来了。2018年7月18日，基辛格对《金融时报》专栏作家爱德华·卢斯讲了这么一段话："历史上会时不时地出现一些人物，他们标志着一个时代的结束，并且强迫它脱下旧时代的伪装，我认为特朗普就是其中之一。这并不意味着特朗普自己意识到了这一点，或是想出了更好的对策，他可能只是无意为之。"

这段话意味深长。基辛格轻易不说话，大公司去咨询他，是要花很多钱的。上面这段话也是在那位作家一再追问下才说出来的。我觉得基辛格是欲言又止，不肯往深里说。仅从这几句话我们也可以察觉到：什么叫"一个时代的结束"？什么叫"脱下旧时代的伪装"？什么叫特朗普可能只是"无意为之"？

特朗普是打着为"锈带"工人争利益的旗号当上总统的。如果真的为工人争利益当然好，可是他却把矛头对准了中国。说是中国抢走了他们的饭碗、偷了他们的专利、毁了他们的市场……于是，贸易战打响了，没什么道理好讲。其实打的并不只是关税，还要逼中国改变制度，放弃发展高科技的"中国制造2025"。自己病了，却逼着别人吃药，这种霸凌真是古今奇观。

人在做，天在看。特朗普是个自我感觉极好的人。2018年9月25日他到联合国大会上发表演说，自吹自擂，当说到"在不到两年的时间里，我届政府取得的成就几乎超越了美国历史上任何一届政府"时，庄严的联合国大会上先是引发窃笑私语，特朗普原以为这句话会赢得一片掌声，看看不对劲，又加了一句："真的是这样！"这下好了,哄堂大笑。特朗普有点尴尬,自嘲说:"没想到是这样的反应。不过,没关系。"于是,笑声一片。

第二天美国媒体坐不住了,说历史上美国哪位总统出过这样的洋相,受过这样的嘲讽?一手筹划联合国的罗斯福总统,会想到自己的后任会在这样庄严的讲台上有这样的表现吗?当然他更想不到特朗普还扬言要退出联合国呢!

从塑像风波看美国兴衰

今天看美国,不但要看"形势"中的"形",更要看"势",才能见微知著,把握好今天和未来。

2017年8月12日,美国弗吉尼亚州夏洛茨维市因为要不要拆罗伯特·李的塑像,白人至上主义者和多元主义民主派打了起来,造成一死多伤的惨案。此事并非偶然,背后隐藏着美国的一个根本矛盾,一个可怕的凶兆。

罗伯特·李是谁?大家知道,美国1776年独立,1787年制定宪法,1789年华盛顿就任美利坚合众国第一任总统。但美国历史的源头可以追溯到1620年9月16日。这一天,"五月花"号载了102人,其中35人是清教徒,越过浩瀚的大西洋,要到美洲的"山顶上"去建立"天堂之国"。这个宗教色彩的梦同后来的"美国梦"不是一码事。

经过100多年,这些人的后代以及后来的移民在美洲东部建立了

13个州，在1776年与宗主国英国决裂，美国由此诞生。按照初创者的理想，他们并不只是追求个人财富，而是要创建公平的新世界。这种精神反映到了美国的宪法当中，所以，宪法开宗明义第一句话是"人人生来平等"。对于千百年来一直不平等的旧世界来说，这句话无异于一声震雷。

问题来了，他们做到了吗？且不说无地农民与大庄园主之间，也不说工人与工厂主之间，就说大农场主与黑奴之间，有平等吗？制定美国宪法的是一批杰出的人，但他们的庄园里都有黑奴，包括华盛顿本人。真的要在全美国解放黑奴，谈何容易？这一拖就拖了85年，直到1861年美国南北战争打响。这是一场决定要不要解放黑奴而打的内战。

这就要说到罗伯特·李了。1861年反对解放黑奴的南方13州脱离联邦闹独立，成立了自己的邦联。当时担任美国总统的是林肯，他任命格兰特担任北军司令，而罗伯特·李是由南方邦联任命的南军司令。南北两个司令其实以前是好朋友。罗伯特·李生于1807年1月19日，当时已54岁。他45岁时就出任西点军校校长，颇有威望。据说他对黑人也有同情，但因为他出生在弗吉尼亚州，所以觉得理应听从南方的召唤。

战争的曲折与残酷就不多说了，到1865年4月9日，罗伯特·李承认失败，以投降换取了对南军将士的优待。南方白人一直对他有好感，认为他尽可能保护了南方人的利益。这就是为什么南方很多地方都有他塑像的原因。但黑人的感受呢？南北战争虽然结束了，黑奴在法律上解放了，但种族歧视一直很严重。1866年，即南北战争结束的第二年，恐怖的三K党成立了。尽管黑人血统的奥巴马可以当总统，但问题并没有解决，反而凶兆涌动，其深层的原因是近20年来的所谓"白人的忧虑"或"白人的恐惧"。

因写了《文明的冲突和世界秩序的重建》而闻名的哈佛大学教授塞缪尔·亨廷顿，2004年又推出了一部力作《我们是谁：美国国家特性面临的挑战》。这是一部忧心之作。谁忧心？白人！在白人看来，美国本应该是一个白人的国家，建设的是白人的天堂，现在幻灭了。

亨廷顿写到，美国的开国先辈认为，共和国政体要生存下去，就需要保持种族上和宗教上相对高度的单一性，这也就是为什么印第安人几乎灭绝的原因。白人有自己的核心价值观，那就是当年第一批定居者的文化，包括基督教信仰、新教价值感、工作道德、英语、英国式法律以及欧洲的文学艺术等。凡不认同这些的，即非我族类，其心必异。

大工业需要劳动力。随着各方移民的大量涌入，上述文化受到很大冲击，所以现在白人有"世风日下，国将不国"之叹，对西方文明的衰落很无奈。从人口比例上来说，非白人几乎超过了欧裔白人，所以白人有一种恐惧感：原本的主人地位恐将不保。特别是2008年金融危机后，白人蓝领中产阶级日子难过。他们怀念过去的好日子，对满口"民主""多样化""平等"的精英怒气冲冲，对新移民怒目而视，对据说抢了他们饭碗的外国工人也满腹牢骚，这就是所谓"民粹主义""白人至上主义""新纳粹"、三K党以及另类右派等蠢蠢欲动的原因。特朗普上台就是利用了这种闹闹哄哄。在罗伯特·李塑像前大打出手，只不过是更大风潮的一次预演而已。"月晕而风，础润而雨"，这是苏东坡的父亲苏洵的名篇《辨奸论》里引用的古代农谚：月亮周围出现光环，预示要刮风了；石头的柱墩湿润了，预示要下雨了。苏洵在此篇中还说："事有必至，理有固然。"今天看美国不但要看"形势"中的"形"，更要看"势"，才能见微知著，把握好今天和未来。

从修昔底德陷阱说到话语权

西方在"民主"上有自己的标准,认为中国不符合,所以中国"不民主"。在市场经济的定义上,西方也有自己的尺度,中国与他们说的不完全符合,所以中国是"非市场经济"国家。这种自定规则自当法官的话语权好厉害啊!

正当中国人民在为改革开放四十周年感到高兴的时候,中美关系忽然紧张起来,有一个词也随之热议起来,那就是所谓的"修昔底德陷阱"。

修昔底德是古希腊雅典人,出生于约公元前460年到前400年。他曾是雅典十将军之一,但使他后世留名的是写了《伯罗奔尼撒战争史》,属于最早的历史学家。这部战争史记载了约公元前5世纪前期到公元前411年,斯巴达与雅典这两个国家在伯罗奔尼撒(希腊南部的半岛)争霸的历史。

他的主要观点是:"使战争不可避免的真正原因是雅典势力的增

长和因而引起的斯巴达的恐惧。"哈佛大学教授格雷厄姆·艾利森在2012年和2013年引用这段历史来比附当今的中美关系，并推出了"修昔底德陷阱"这个词。他的意思很明白，当今的中国就像当年的雅典，已经在不断壮大，而美国就像斯巴达，因恐惧而行动。此论一出当然引起一些人的紧张。

那么，中美会不会打起来呢？他的学术团队数了历史上16个崛起大国挑战守城大国的历史，有12个国家打了起来，概率是75%。这样的研究报告给人这样的印象或结论：很可能要打啊。美国的一些仇华派就是利用这个来吓唬美国民众。他们不明真相，不了解中国，又因为生活不好过正心里窝火，就很容易随着这种披着古典经典外衣的伪经典，来看待中美关系。

一个学说正确与否，不在于是否出于经典，也不在于是否出于名人之口，而在于是否实事求是。"使战争不可避免的真正原因"并非仅仅是恐惧，而是当时奴隶主国家对财富、土地和奴隶的争夺。现代的历史条件大大不同了，用战争攫取财富肯定得不偿失，而且在有核弹等武器的情况下，极有可能是同归于尽。因此，理性的人们都懂得和则共利、斗则俱伤的道理。这样说并不是完全排除战争的可能性。如果疯子当道，挑动一些代理人战争，让别人去打，他坐收渔翁之利，是可能的。所以我们要加强战备，不能放松警惕，拥有原子弹是为了争取永远不使用原子弹。

大国之间的战略互判非常重要。习近平总书记2015年9月22日在美国华盛顿州西雅图市欢迎宴会上说："世界上本无'修昔底德陷阱'，但大国之间一再发生战略误判，就可能自己给自己造成'修昔底德陷阱'。"美国有很多人愿意同中国和平相处，彼此做生意，双方得利。但也有一些利益集团总想找一个敌人，把这个敌人描写得非常可怕，比如华为的5G技术和设备竟构成了对美国"国家安全"的威胁。找个敌人还有一个用处，就是把老百姓的怨气往国外引，以便自己在爱国主义的口号下实现某些小集团的利益目标。

"修昔底德陷阱"就是有意设置一个议题，从而不知不觉地把人们向既定的方向引导，这样就有了话语权。美国一些人在这些方面是很有经验的。话语权就是自定一个道义尺度。他可以自说自话地把不符合这个尺度的人和事斥为异端。比如，西方在"民主"上有自己的标准，中国不符合，所以中国"不民主"。在市场经济的定义上，西方也有自己的尺度，中国与他们说的不完全符合，所以中国是"非市场经济"国家。这样的话语权好厉害啊！可是，谁给你的权力制定这些标准？为什么非得你说了算？

古希腊有一个神话故事，讲一个大个子悍匪如何害人。他有一长一短两张床，把人抓来后，让长的人睡短床，把脚砍短，让矮的人睡长床，用力把他拉长，气绝而死。这个悍匪激怒了神话人物忒修斯，他制服大个子悍匪后逼他睡短床，用利剑断其腿而致死。悍匪自定标准，自以为有了话语权，结果害了自己。

中国也有类似古典。《淮南子·说林训》："骨肉相爱，谗贼间之；而父子相危。夫所以养而害所养，譬犹削足而适履，杀头而便冠。"倘有人说，我这双鞋太好了，普世都穿，你脚太大，削掉一些也值得穿，穿出去天下通行。对不起，这样的鞋穿了走不动路，普世通行又有何益？

斯巴达对雅典的强大有恐惧，美国对日益强大的中国确也有点恐惧，但这种恐惧是不必要的。中国自古以来追求"天下大同"，讲王道、和、容、通。明朝的郑和拥有当时无敌于天下的大舰队，但没有占领半块殖民地。今天，我们更讲"人类命运共同体""共商、共建、共享""相互尊重、合作共赢"。我们几代领导人都讲过，如果中国也追求霸权，世界人民可以联合起来把我们打倒。如此铮铮忠言，不知西方听得进去否？

从一把尺子说到话语权

一把竹尺,放在那里,不言不语,不声不响,可是卖布的、缝衣服的、做家具的,都以它为标准,完成许许多多事情。若有异议,拿它一量,便无话可说。没人问:凭什么这是一尺,而不是九寸?

上古没有尺,常以人体为标准。比如卖布,伸开大拇指和食指算是一个单位。这个很方便,但不精确,因为长度因人而异,所以需要一个公认的长度。春秋战国时期,各诸侯国都有自己的尺。待到秦始皇一统天下,便把秦国的尺定为标准,天下通行。

1973年出土了一枚"秦权",是秦朝时重量的标准,史载当时有4钧(120斤)到1斤的各种权,有了它们,全国的称重就有了依据。"权"这个字本来是秤的意思,后来演变出了权利、权衡、权柄、权力等等,可见谁定了标准,谁就拥有了权力,当然包括话语权。

在清朝末年,船坚炮利的西洋列强硬把中国的大门轰开了,沉浸在中央帝国迷梦中的中国人,遇到了三千年未有之大变局。一直被我们瞧不起的蛮夷竟然比我们厉害,亡国灭种的可能险悬头顶。中国人对西洋文明确实没有思想准备,一些刚"睁眼看世界"的士子难免偏激。在西方话语攻势下,不少人相信西方是自由、民主的,我们是专制、野蛮的。当时产生这种想法并不奇怪。经过一段时间,待到第一次世界大战爆发,西方列强的残暴与惨烈惊醒了不少同胞,人们才渐渐觉醒过来,思考新的道路。

近些年西方也有一些学者从"欧洲(西方)中心论"中跳出来,从全球角度回顾17—20世纪的历史。有人论证,由于哥伦布发现新大陆,欧洲抢劫了大量的金银,其中很多银子从拉丁美洲运到中国,从中国换回了丝绸、瓷器和茶叶。西方的优势并非源于文明,相反是源于野蛮。

明清两朝都是银本位。可是后来欧洲改成了金本位,大量劣质的银元涌向中国,而中国优质的"纹银"流向海外,这就从根本上动摇了中国的货币制度,金融渐渐掌握在别人手里还懵然不知,结果国本大伤。到后来,英国用鸦片换中国货物,更是从精神、体质上陷中国人于绝境。

但是,在西方的话语体系中,殖民主义是"用西方文明启蒙落后社会",鸦片战争是西方用武力捍卫贸易自由。这种歪理至今阴魂不散,最近美国共和党保守派的头面人物桑托勒姆(Rick Santorum)还在说,概而言之,理想的"老派"美国人就是"一手《圣经》,一手持枪"。他们要人们相信:他们讲的话都是真理,你信也得信,不信也得信。

以人权为例，他们有一套歪理。待到伊拉克毁了，利比亚垮了，阿富汗乱了，难民潮涌来了，人们才明白：原来西方要的民主、人权就是这种下场。形成鲜明对照的是，一直受他们批判的中国却欣欣向荣。

现在连西方国内也乱了。希拉里2016年同特朗普竞争总统职位时曾对助手说："我越来越看不懂这个国家（美国）的事情了。"希拉里是体制内的精英，受过西方传统精英教育，一张口就是"政治正确"。可是，现在大家已经厌烦了这些自由、民主的说教，于是美国人，特别是蓝领白人，一股脑儿地支持显然"政治不正确"的、在推特中口无遮拦的特朗普。2017年全美保守派政治大会上，有两个金发碧眼、臂上刺青、一身腱子肉、歪戴牛仔帽的卡车司机对福克斯电视记者说："我们不管媒体怎么埋汰总统，反正就知道他是我们的人，道出我们的心声。"

细细想来，令人信服的话语权应该有两个条件：一、说的话真正在理。二、说的人真的有底气，说到做到，大家心服口服。中国人并不排斥西方话语，比如自由、平等、博爱这些都是好概念，在反封建的历史上起过进步作用，可惜资产阶级掌权后并没有真正做到。我们当然要用自己的言行形成中国的话语体系。

中国经过70年来的发展，尤其是40年来的改革开放，成就有目共睹，进入了新时代。世界热议"中国智慧""中国方案""中国道路""中国模式"等，西方又惊又怕，说中国要推翻国际秩序，真是想多了，想歪了。世界上的事情要大家商量，谁说得在理，谁做得出色，自有公论。比如高铁和 5G 技术，中国有些方面走在前面，国际上就接受了中国的一些标准，这岂是使使性子、发发脾气就可以一锤定音的？

美国民主下的难民悲剧

叙利亚内战正是美国和西方以推广民主为名，乘着所谓"阿拉伯之春"的风潮，在叙利亚有意挑起、闹大的。难民潮向欧洲汹涌而去时，始作俑者美国却一面还在唱民主高调，一面又拒不肯多接收难民。

2015年9月6日，叙利亚3岁小难民艾伦惨死土耳其海滩上的照片震惊了世界。是谁害死了一个天真活泼的孩子？是谁造成西亚北非数以百万计的难民？

"伊斯兰国"把艾伦一家逼离家园

艾伦一家住在叙利亚北部的卡巴尼镇，伤心的父亲阿卜杜拉说："我的孩子是世界上最漂亮的孩子，有谁不认为自己的孩子是最宝贵的呢？"那么，他们为什么要冒险去当难民呢？艾伦的爷爷告诉记者，他们家已经有11人死于"伊斯兰国"恐怖分子之手了，出逃是唯一的生路，尽管凶多吉少。

　　残忍的"伊斯兰国"组织当然是最直接的凶犯，但追问不能到此为止。应该问一问："伊斯兰国"是怎么诞生的，又是怎么来到叙利亚的？"伊斯兰国"的头号首领叫巴格达迪，他是被美军在伊拉克的一所监狱里放出来的。出狱时他讲了一句意味深长的话，把美国人吓了一跳："我们到纽约再见。"巴格达迪出狱后面对"国破山河在"的伊拉克，遇到了一大帮被美军打散的前萨达姆政府的军官。他们属于逊尼派穆斯林，而美军建立起来的"民主政权"则以什叶派穆斯林为主，于是侵略与被侵略的矛盾、现当权者与前当权者的矛盾、逊尼派与什叶派的矛盾错综复杂地交织在一起，加上社会动荡，民不聊生，矛盾爆发是必然的事。

　　"伊斯兰国"到底想干什么？2014年夏天，美国中东地区特种作战部队司令迈克尔·纳格塔少将承认："我们不理解这场运动。而在理解之前，我们是打不败它的。"巴格达迪宣布IS诞生时扬言要向"西方文明"宣战，在原"哈里发王国"的疆土上重建1000多年前的圣洁的国度，偷东西者斩手，通奸者乱石砸死。这股郁积的戾气不由得使人想起了十字军东征、西方殖民主义的残暴、以色列的建国、形式上实行西方议会民主的中东一些政权的腐败和人民的贫困。但是，不管有什么理由，难道以残忍的手段去追求什么高尚的目标行得通吗？人们愿意回到古代去生活吗？绝大多数穆斯林不赞成走这条路，小艾伦一家不幸成了牺牲品。

美国攻打伊拉克与"大中东民主计划"

现在人们的共识是,如果美军不攻打伊拉克,事情也许不至于坏到这个地步。那么,美国为什么一定要去捅这个马蜂窝呢?这就要追问美国的"大中东民主计划"以及这个计划的指导思想"新保守主义"了。

回顾 1989 年和 1991 年那几年,美国自认为"民主之风"终于吹倒了苏联、东欧的"极权政权",当时有一帮"新保守主义"者像吸了毒品一样亢奋、癫狂。他们自以为地球已经成了他们手里的橡皮泥,想捏个什么就能捏成什么。2006 年 11 月 6 日的英国《卫报》刊登伦敦经济学院访问学者马丁·雅克的文章说:"新保守主义在全盛时期曾在《新美国世纪计划》中提出,苏联解体之后,应当按照美国的概念塑造世界,应当由单极世界取代以前的两极世界,在单极世界中,美国应当是全球和地区事务说一不二的仲裁者。"

英国《金融时报》在 2007 年 2 月刊登爱德华·卢斯写的一篇书评,他概括说:"美国认为自身的安全与其他国家的性质息息相关,简而言之,这就是新保守主义。""美国的目标一直是要给他人带来进步,如果可能就通过说服,如果必要,则通过武力达到目的。"

在这种思想指导下,20 世纪 90 年代,"人道主义干预"和"人权高于主权"开始成为美国外交政策的行动指南,相继发生了布什政府对索马里的干预,克林顿政府对波斯尼亚、科索沃和海地的干预,"新美国世纪计划"鼓吹的就是采取这种"军事实力与明确的道义相结合的里根主义的政策"。

所谓普世

"大中东民主计划"正是在这种背景下出笼的。这个计划中心思想是：中东问题成堆，构成了对美国和西方的威胁，治本之策就是要在那里推行以西方价值观为基础的"民主"。他们的逻辑是：我只有把你变得像我一样"民主"了，我才真正"安全"了。

其实，"民主"和道义只是讲讲而已，真正的动因是石油。2002年10月7日美国《国家》杂志上刊登麦克尔·卡莱尔写的文章《为战争车轮加油》。该文说，沙特石油均已探明，而伊拉克拥有"世界上仍有的未探明的最大的、前景广阔的石油储藏，超过阿拉斯加、非洲和里海的未探明的石油"。当时一半石油要靠进口的美国为了保证石油供应，攻打伊拉克早已是美国权贵集团内定的事，只是一时找不到借口。据西方媒体报道，在"9·11"发生前，小布什的办公桌上已经有了攻打伊拉克的计划书，只碍于出师无名，尚在犹豫。而"9·11"的发生，给了他们最好的借口和良机，一场站在道德制高点上、可以蒙骗民众支持的"反恐战争"就这样打响了。尽管没有联合国批准，他们还是一意孤行。什么国际法，什么人权，什么国家主权，他们都可以弃之如敝屣。

当时，在新保守主义者看来，攻打伊拉克只不过是一次"健身散步"，易如反掌。他们预期伊拉克人民会用鲜花和掌声夹道欢迎"解放者"，没想到，萨达姆倒台后，美国人遇到的是路边炸弹，更没想到巴格达迪会纠集前萨达姆的军官成立了"伊斯兰国"，从伊拉克攻入叙利亚。就这样，小艾伦一家的厄运临头了。

从"阿拉伯之春"到叙利亚内战

"伊斯兰国"之所以能乘隙侵入叙利亚,因为该国正处内战中,而这场内战正是美国和西方以推广民主为名,乘着所谓"阿拉伯之春"的风潮,在叙利亚有意挑起、闹大的。

2010年12月17日,突尼斯26岁的大学毕业生、水果小贩穆罕默德·布瓦吉吉因不堪警察的凌辱,愤而自焚。此举激起了群众的义愤,一举推翻了前政权。此事说明了西亚、北非一些政府的腐败和无能,烈火迅速蔓延到中东几个国家。这本是这些国家的内部事务,应该由本国人民来解决。但身处阿富汗、伊拉克困局的美国,却从中嗅到了可乘之机,认为可以借此机会来继续推行他们的"民主",从而使"大中东民主计划"咸鱼翻身,趁机推翻他们不喜欢的领导人,例如利比亚的卡扎菲、叙利亚的巴沙尔·阿萨德等人。

这些国家的内乱,当然有内部的原因,但"美国国家民主基金会"等组织则是幕后推手。他们有选择地拉拢一些智库、非政府组织和知名学者,或资金支持,或到国外培训,帮他们写文章,出书,上电视,利用互联网不断推出一些轰动的议题,先把人们的情绪鼓动起来。有些形式是相当有趣的,例如,美国学者弗里德埃默里1967年就曾出主意如何争取"铁幕"后的青年。他写道:"摇滚音乐会上如痴如醉的青年,完全可以被'政治催眠',从而投入到推翻政权的运动中去。"到了一定的时候,如果他们认为机会成熟,就会有一些有社会影响的人推出"什么什么宪章",尽管有好多署名者连自己都不知道怎么会签上名的。

所谓普世
SUOWEIPUSHI

说到叙利亚的内乱,当然有内部的原因。巴沙尔·阿萨德属于什叶派的一个支派阿拉维派,他们在国内占人口的13%,而被统治的逊尼派占74%,这就不可避免地会有矛盾。2011年3月,一些学生在校园里涂鸦,被当局逮捕,此事成了导火线。当一些群众上街游行时,被暗藏的枪手射杀,更是燃起了烈火。在这种局势下,巴沙尔表示愿意和谈,愿意政治改革和大选,并表示大选失败愿意下台。但这些统统遭到反对派拒绝。他们这么强硬的背后是因为有美国和西方的支持。他们给钱给枪,为他们在国外提供活动的方便,于是事情越闹越大,一发而不可收。美国虽然非常希望巴沙尔垮台,但鉴于伊拉克的教训,也不敢贸然再出兵干预,而是一个劲地给反对派鼓劲。巴沙尔领导的是一个合法的政府,美国有什么理由一定要推翻它?没料想,叙利亚乱了,"伊斯兰国"的机会也来了,他们趁机占领了叙西北的大片领土,俨然建起了国中之国,叙利亚人民大批逃亡,其中就有小艾伦一家。

当难民潮向欧洲汹涌而去的时候,西方才意识到了问题的严重性,手忙脚乱,焦头烂额,欧洲的舆论开始责怪始作俑者美国,认为它惹了大祸,却又躲在大西洋彼岸,一面还在唱民主高调,一面又拒不肯多接收难民。例如《华盛顿邮报》刊登的文章说:"正是布什用谎言发起的伊拉克战争将中东推向灾祸,也是因为奥巴马的政策,叙利亚才会成为噩梦。"不知站在道德制高点"山巅之城"上的美国权贵们,看了小艾伦惨死的照片,有何感想?

时至今日,美国的权贵们还在大唱民主高调,一方面把航空母舰开来开去,搞什么"战略再平衡",另一方面四处寻找机会搞什么"颜色革命",善良和天真的人们真应该小心了,要看看给你糖吃的是亲姥姥还是狼外婆,弄不好不光是肚子疼。看看小艾伦伏尸海滩的照片,就会警惕一点儿,清醒一点儿。行文至此,不禁想起鲁迅当年的话:救救孩子!

所谓普世
SUOWEIPUSHI

狂躁的美国是该好好反思了

美国由盛转衰是由自己的政策和一系列的胡作非为造成的，现在日子很不好过，举国狂躁，病得很重，却忙着甩锅，逼别人吃药。奉劝美国还是先把自己国内的事办好才是正道。

70年在历史长河中不过是一瞬间，但对中国人民来说，是从站起来到富强起来的难忘年代。同样，对于美国来说，也很难忘，不过两者心情大不一样。

70年前，中华人民共和国成立，美国政界、学界争吵不休：是谁丢掉了中国？随后便是朝鲜战争、越南战争。美国人就是弄不明白，为什么"小米加步枪"的中国竟然这么厉害，任你封锁也好，战争威胁也好，还是在一天天不可阻挡地壮大，尽管道路很不平坦。

直到20世纪70年代初，尼克松、基辛格等为代表的一股政治力量，终于不得不认识到：不可能把世界人口最多的国家长期排斥在国际体系之外，于是便有了尼克松访华和后来恢复中华人民共和国在联合国的合法地位。

笔者1970年底开始从事国际报道，目睹几十年来美国走过的路径。越南战争后美国有点萎，但心有不甘，总想找机会再展雄姿，显显霸主的威风。美国是利用二战的机会，从英国手里接过霸权的，那时的美国的确威风。其标志时刻是1945年联合国成立和1944年布雷顿森林体系的建立。后者正式宣布美元代替英镑成为世界通用的储备货币。这可以说是对美国霸主地位的加冕礼。

当富兰克林·罗斯福总统在二战最后阶段准备与英国首相温斯顿·丘吉尔会晤时，当时的国务卿爱德华·斯特蒂纽斯提醒他注意关照对方的情绪，因为原来的霸主英国可能难以接受战后新的国际秩序。

当时的美国显得颇为"开明、大方"，它也想避免第三次世界大战，联合国宪章体现了这种思想。是不是美国真的大慈大悲啦？也不是。英国《金融时报》网站2019年5月9日刊登该报首席政治评论员菲利普·斯蒂芬斯《特朗普愤怒的单边主义是痛苦哀号》的文章，他写道："在战后的几十年里，美国的国家利益与基于规则的国际体系呈现了异乎寻常的一致。通过设计和建立自由主义全球秩序的制度，美国也促进了自身的繁荣和安全。"

当时，曾任国防部长的通用汽车公司董事长有一句名言：对美国有利的对通用汽车公司也有利，反之亦然。50年代初美国GDP占世界GDP的一半，它有充足的底气来维持一个"自由"贸易体系。它想不到日本的丰田会向通用挑战，更想不到今天的华为竟然会"威胁"美国。

美国由盛转衰，其实从朝鲜战争和越南战争就开始了。越战以后，国内反战情绪强烈。20世纪70年代中，里根在经济"滞涨"的阴霾下上台，把新保守主义理念变为政策，扬言同苏联打"星球大战"，在经济上实行新自由主义，导致资本主义金融化，但美国日子过得并不称心。到了80年代末90年代初，东欧剧变、苏联解体，新保守分子认为是他们打赢了"冷战"，顿时像打了鸡血一样亢奋起来，觉得越战之后终于可以长长地出一口气了。

记得90年代我在办公室同从美国回来的记者聊天，问他："美国怎么这么狂？"他摇头苦笑道："嗨，他们就这样，有好戏看。"1998年国务卿奥尔布赖特宣称："如果我们必须使用武力，那是因为我们是美国：我们是不可或缺的国家。对于未来，我们比其他国家更高瞻远瞩。"1992年她问当时的参谋长联席会议主席科林·鲍威尔："如果不能投入使用，那么你总在说的这一支一流军队又有什么用呢？"鲍威尔在后来的自传中回忆道："我当时觉得我会气出动脉瘤。"

1997年美国想对伊拉克动武，没有借口。一位高官（据透露此事的记者说"很可能是奥尔布赖特"）对当时的参谋长联席会议主席谢尔顿将军说："我知道我甚至不应该这样问你，但是我们要介入并除掉萨达姆，确实需要走一步险棋——这样会让我们在世人眼中保持良好的形象。你能不能让我们的一架U-2飞机飞得足够低——也足够慢——从而确保萨达姆能够把它击落？"谢尔顿的回答很妙："当然可以，只要你去开！"

美国在这样一批狂人执掌下走过了"9·11"和阿富汗、伊拉克战争，也经历了2008年的金融危机，弄得现在全国愤愤然，精英称之为"民粹主义"。于是在一片乱嚷嚷中拥出了一个特立独行的"政治门外汉"特朗普来。他极力表现得敢说敢为，说到做到，不明真相的老百姓真以为他能挽回国运。奉劝美国，自己有病，别逼别人吃药。还是先把自己国内的事办好才是正道。是合作共赢好呢还是坚持一霸到底？美国真要好好反思了。

所谓普世
SUOWEIPUSHI

美国也有人开始这样理解人权了

人权首先是生存权、发展权。唯有生存了才能来谈人权；唯有发展了才能心平气和地、平等地来保障人权。衣食足而知礼义，如果命都难保，肚子都吃不饱，还侈谈什么人权？被美国搞得乱糟糟的国家的人民，被迫当难民，他们有什么人权？

美国《国家利益》双月刊网站2016年3月2日的一篇文章，读到其中的一段话不禁莞尔，心想，真不容易，竟然美国也有人开始这样理解人权了。

文章题目是"美国需要不会陷入泥潭的对外政策"，作者是尼古拉斯·格沃斯杰夫。他曾与人合作写了《美国对外政策与防务战略》一书而有点名气，至少不是等闲之辈。这段话是这样的："混乱是对人权的最大侵犯，首当其冲受到侵犯的是人的生命权和人享有人身和财产基本安全的权利。国家对生命的保护越是牢靠，其他的权利就越有机会得到延伸和促进。"

天哪！如果用美国一贯鼓吹的"人权"理念来衡量，格沃斯杰夫先生可是"政治不正确"了！美式的标准是人权高于生存权，高于主权，总之，人权高于一切！社会混乱又何伤"人权"之大雅哉！

自从20世纪70年代美国推出"人权外交"以来，无论是在联合国，还是在国与国的交往场合，一直有一场大辩论，争论的核心是：到底什么是人权？按照美国的说法，人权是人生下来就有的天赋权利，如果美国判定哪儿的人遭到了压制或迫害，美国就有权去维护人权，至于国家主权那是低于人权的，它无碍于美国去"维护正义"，哪怕是动刀动枪。

有意思的是，只要这个国家同美友好，甚或是它的盟国，似乎那儿就不存在什么侵犯人权的事情。而如果哪个国家被美国视为敌人、对手或潜在的竞争对象，那里便存在许许多多的人权问题。

人们纳闷的是，只要有人反政府，而这个政府是美国人不喜欢的，那么美国就一定要急不可耐地要去保护这些"民主人士""人权斗士"。大千世界，千差万别，谁敢说：只要反政府，那就是正义？如果政府对他们采取措施，那就是违犯人权？

包括中国在内的一大批发展中国家在联合国和其他许多场合，一直在批评美国的人权观，主张人权首先是生存权、发展权。唯有生存了才能来谈人权；唯有发展了才能心平气和地、平等地来保障人权。衣食足而知礼义，如果命都难保，肚子都吃不饱，还侈谈什么人权？

有句话说得真对，那就是"形势比人强"。时代变了，形势变了，认识也得跟着变。自2001年"9·11"以来，美国发动了"反

所谓普世

恐"战争,那些自以为对着地球仪指指点点就可以改变世界的美国"新保守主义"精英们,利用普通老百姓对恐怖主义的恐惧与憎恨,打着保护人权的旗号,攻打阿富汗和伊拉克,改变那儿的政权,以便实现"大中东民主"蓝图,从而实现"美国领导下的世界和平"。到了2010年12月17日,从突尼斯开始爆发"阿拉伯之春",美国又认为推动"民主"的时机到了,推波助澜,火上加油,却不料这边伊拉克、阿富汗还在乱哄哄,那边突尼斯、埃及、利比亚、叙利亚、也门、巴林也陷入混乱。难民的涌入,使欧洲深知什么叫混乱。欧洲是一贯高唱人权高调的,但日本《世界日报》2016年3月25日的文章评论说:"人权固然重要,但欧洲谁也不愿意与难民共同赴死,这是人之常情。"

人们本以为一直慷慨激昂、满嘴正义的美国,这时候一定会大义凛然,挺身而出,救黎民于水火,挽狂澜于既倒,却不料这一回美国当了"缩头乌龟",躲到大洋彼岸,战战兢兢地隔岸观火,不知所措。小布什总统曾大声嚷嚷要"先发制人",而奥巴马总统却在西点军校对毕业生说:"慎用榔头。"这无关乎谁善与谁恶,实在是因为美国打不起了。老百姓在2008年金融危机后更不愿为空洞的口号去卖命。美国企业研究所一位学者最近写道:"美国人对于参与连地理位置都搞不清在哪里的遥远国家的事、为别国流血牺牲还花大钱招骂的事,已经烦透了!"

正是面对这种形势,格沃斯杰夫和其他一些学者正在思考:"是否存在任何可能获得成功的可行的'新路子'?"他写道:"是否存在可以让下一任政府选择的东西,一种符合道德关切和为美国在世界上的干预和接触提供理由,同时还能为避免像伊拉克战争、利比亚和叙利亚危机,以及避免与新兴大国可能发生的无意识冲突等灾难的可靠的美国对外政策模式?"

细细琢磨这段话,看来他的思路还是跳不出老框框啊。一个基本前提是:什么叫"符合道德关切"?这分明还是说,美国的道德最高尚,所以美国可以名正言顺、合理合法地去"关切"别的国家,至于"关切"的结果是什么,如果乱了,美国还管不管,他们也弄不清楚。10年前就有一位名叫安妮-玛丽·斯劳特的学者指出,拿美国的行动(或缺少行动),同关于终结暴政和传播民主的美国责任的庄严宣言进行对照,美国"在全世界的眼中显得极其伪善"。看看卡扎菲被杀后的利比亚,看看持续了5年、死了20多万人、450万人被迫出国当难民的叙利亚,美国主张的"人权"到底在哪里呢?

形势让格沃斯杰夫认识到避免混乱要比空洞的人权口号重要得多,这也算是一种进步。现在关心良政、关心生活改善的人比关心照搬"民主"的人多得多。世界上的事情,都要接地气,别靠精英想出一些出奇的口号来糊弄老百姓,都得先想想老百姓的安居乐业、油盐柴米,以及办事的有效和公道,这比什么美妙的口号都强!

世界向何处去

SHIJIEXIANGHECHUQU

不畏浮云遮望眼
西方民主透析

　　反法西斯战争胜利已75年了，世界发生了翻天覆地的变化，目前人们称之为大变局，现在人类又处在十字路口：恶斗还是趋和？回顾与反思这75年的演变，对世界向何处去会有很多启发。一切认识都得从事实出发，形成新的思路，继往开来，造福人类。抚今追昔，中国人民真应该牢记苦难屈辱的起点，不忘悲壮赤诚的初心，走好新的长征路。

从千年大变局到百年大变局

> 世界正处在十字路口，我们必须敢于斗争，善于斗争。要应对大变局，应从资本主义的根子上，从物质和精神两方面去找原因和解决办法。

世界上只有一个真理是绝对的，那就是一切都在变。一百多年前中国人遇到千年大变局，现在轮到西方人面临大变局了。中国俗话爱说风水轮流转，不大深究原因，其实因果律是普世的。

清同治十三年（1874）李鸿章写了这么一段话：以往中国边防只要守住西北便安全了，"今则东南海疆万余里，各国通商传教，来往自如，麇集京师及各省腹地，阳托和好之名，阴怀吞噬之计；一国生事，诸国构煽，实为数千年未有之变局"。

其实那场大变局肇始于1492年哥伦布发现新大陆。1510年葡萄牙人占领印度的果阿，1553年占领澳门，资本主义那时就开始以排山倒海之势席卷全球了，而中国皇帝还在做天朝美梦，等到惊呼大变局就晚了。

中国人100多年来有呐喊,有彷徨,为认清、应对、抗争、改变这个大变局付出了多大的代价啊!当我们欢庆中华人民共和国成立70周年的时候,抚今追昔,真应该牢记苦难屈辱的起点,牢记悲壮赤诚的初心,继续新的长征。

世道变了。2019年8月27日,法国总统马克龙在一年一度的使节会议上承认了"西方霸权的终结"。他的原话是这样的:"我们正经历西方世界霸权的终结。从18世纪起,我们就适应了建立在西方霸权基础上的国际秩序。西方霸权在18世纪是经历启蒙运动的法国霸权,19世纪是经历工业革命的英国霸权和20世纪经历两次世界大战后拥有经济和政治统治地位的美国霸权。"

其实法国霸权时间并不长,但开始时气势很盛,拿破仑(1769—1821)横空出世,所向披靡。奇怪的是,法国大革命攻占巴士底狱(1789年7月14日)是反封建运动,启蒙运动使自由、平等、博爱的口号响彻云霄。但一旦断头台血溅巴黎,很快引起了大混乱。当年的革命者、后被推上断头台的罗兰夫人发出了"自由,自由,多少罪恶假汝之名以行"的悲叹。拿破仑在一片混乱中用暴力建立了秩序,当上了皇帝,但他推行的却正是新兴资产阶级希望的政策。这历史的吊诡让历史学家和哲学家苦思不已。

法国皇帝要征服世界,打的旗号正是"自由"。在耶拿战役结束后,他骑马耀武扬威地驰骋在普鲁士土地上,观看的人群中有著名的哲学家黑格尔,他写道:"我看见拿破仑,这个世界精神正在巡视全城。当我看见这样一个伟大人物时，真令我发生一种奇异的感觉，他骑在马背上，他在这里，集中在这一点上，他要达到全世界，统治全世界。"

"马背上的世界精神"就是要把资本主义的思想和制度普世化，这个事情后来就由英国人和美国人做到现在，一度似乎势不可当，1991年苏联解体时达到顶峰。兴高采烈的学界代表人物推出了"历史终结论"，好像大功告成，天下一统，可以弹冠相庆了。今后各国人民只能乖乖地在"美国强权下的和平"中打发日子，眼看他们攻打阿富汗、伊拉克和"颜色革命"。

马克龙把霸权终结的原因归结为"西方所犯的错误"和"美国的错误选择"。同时也指出"我们又忽视了新兴国家的崛起，其影响被低估了。中国已走在世界前列，俄罗斯取得了重大战略成就，印度也在崛起……"

西方确实过了一段好日子，包括本国百姓也分到一些甜头。美国《外交政策》双月刊2019年发表哈得逊研究所高级研究员布鲁诺·马卡埃斯的文章说："只要西方霸权持续存在，帝国的战利品就会流向下层阶级，使之与掌权者实现和解。"但是，正如德国《青年世界报》的署名文章所说："资本主义现在将继续处于系统性危机之中。……事实上，资本主义作为一种制度已经部分停转。"制度失灵，霸权丧失，利润大减，百姓不满，于是民粹主义风行，西方的日子今后怎么过？

凡事都要从根上想。资产阶级高举"自由"的旗帜取得了政权，又高举"自由"的旗帜剥削国内外人民，同时用抽象的"自由""民主"麻醉选民，但这个游戏现在很难玩下去了。西方会有脱胎换骨的根本改革吗？还是狗急跳墙？这是个很大的未知数。世界正处在十字路口，我们必须敢于斗争，善于斗争。黑格尔说过："一旦充分自由这个抽象概念进入个人和民族的头脑，就没有什么比它更难以控制的了。"大变局应从资本主义的根子上，从物质和精神两方面去找原因和解决办法。中国人民必须要有定力和耐心，认清大变局的历史潮流，斗智斗勇不斗气，把主动权牢牢地掌握在自己的手里。

乱象丛生的世界会走向何方

现象是本质的反映，我们要善于透过现象看本质。当今世界正在发生深刻和广泛的变化，处在一个关键的转型期，发生了许多乱象和怪象，值得细加观察和分析，从中也许可以发现新时代的端倪，有助于我们沉着、理智地应对各种问题和挑战。

现象是本质的反映，但某一个或几个现象未必可以说明事物的本质。现象是纷乱无序的，需要理出头绪来上升到理论的高度，到那时才会有"一览众山小"豁然开朗的感觉，而要做到这一点很不容易，这是一个很长、没有终结的过程。以下诸多现象可以是我们认识的起点。

纷杂的现象

1. 大仗打不起来但枪声爆炸声却不断

不打仗应该是太平盛世，但恐怖袭击和美国的枪祸却使人安不下心来，坐飞机怕失事，集会怕爆炸。美国一向被认为是有两大洋护卫的天堂，没想到2001年的"9·11"打破了那里的美梦。2016年7月7日达拉斯的枪声非同小可，那是一名参加过阿富汗战争的黑人士兵射向警察的子弹，5名警察丧生。美国平民有2亿多支枪。据统计，到7月7日奥巴马已67次下令全国降半旗为枪祸的死难者致哀，何时是个头？这种天堂里的枪声和遥远的清真寺里的爆炸声到底意味着什么？奥巴马2016年1月20日在最后一份国情咨文里说："我们生活在一个充满非凡变革的时代——这场变革正在改变我们的生活方式，改变我们的工作方式，改变我们的星球，以及我们在世界上的地位。"这段话是要别人明白什么？大战没有、小仗不断的局面会长久维持下去吗？

2. 美国怀念"冷战"，非要树个敌人不可

全世界人民都热爱和平，憎恶战争，但有些人不是这么想的。他们是一些军工集团的首脑和金融财团的大亨，要战要和，要看是否符合他们的利益。美国以在冷战中胜出为自豪，按说应该讨厌冷战，不，他们怀念冷战。一位美国政治学家写道："冷战是威胁的'完美'形式。它从未升级为大型战争……但却严重到足以成为一个促进（美国和西方）团结的因素。"在美国战略家们看来，苏联解体后，中国是理想的"天敌"。明白这一点，就知道美国的"亚太再平衡"究竟想干什么，南海的风波和韩国的"萨德"反导系统都是为此服务的。中国有没有"威胁"美国并不重要，重要的是美国需要这个"天敌"的"威胁"。

3. 美国和西方从"冷战"后的狂傲走向不自信了

回想 20 世纪 90 年代初东欧剧变、苏联解体那一阵，西方真是扬扬得意，以为从此以后便是自由市场经济和西方民主的一统天下了，连历史都终结了。才过去了不到 30 年，现在西方深陷危机，好心情一落千丈。《澳大利亚人报》2015 年 11 月 21 日发表的题为"西方文明正受到威胁，但威胁不仅来自恐怖主义"的文章说："西方出现了信仰和管理的双重危机。"信仰涉及价值观，管理涉及西方多党议会民主，这两条一直是他们引以为傲的好东西，怎么现在都不灵了呢？

4. 上帝死了，收支也平衡不了了

澳大利亚资深外交评论员格雷格·谢里登在文章中写道："西方正在经历一场真正的信仰和管理方面的文明危机。西方历史上第一次出现了不受超验信仰支持的一代人。在西方，上帝之死也是人生目的和意义之死。"人们只追求物质和福利，带来的问题之一是"没有哪个西方国家能平衡它的开支和收入"。他问道："一个文明真的能在自我实现和福利自由主义的意识形态基础上实现自我维系吗？"

5. 西方是民主太少了还是太多了

西方不但认为自己的民主机制是最好的，而且一直把推广这种民主作为自己的基本国策，甚至不惜动武。然而，打了阿富汗和伊拉克，民主没有建立起来，反而引起了动乱、恐怖主义和难民潮，西方束手无策。美国国内呢？2016 年爆发了"民主之春"，几千人聚集华盛顿，抗议金钱政治和民主机制失灵。两党内斗和三权制约的僵局，弄得议会里很难通过议案，甚至有时造成政府关门。由此引起了两种

似乎矛盾的说法：民主是太少了还是太多啦？形式上和程序上的民主没有带来老百姓认可的真正的民主，因此说明民主太少了；可是，像英国"脱欧"那样的全民公投和用眼前利益吸引选民的哗众取宠做法，又说明民主太多了。有学者引用柏拉图的说法：如果太民主了，那么民主将产生其对立面。两种说法都有道理，西方该怎么办呢？

6. 自认为最好的政治机制却十分不利于改革

哈佛大学教授斯蒂芬·M.沃尔特在2016年4月25日的一篇文章中说："由于坚信自由民主是全球化世界里唯一可行的政治模式，过去三任美国政府都把推进民主作为美国外交政策的关键因素。"结果呢？他写道："认为美国可以挺进他国、推翻暴君、编写新宪法、举行选举、产生稳定民主国家（就像变戏法一样）的想法，从来都是虚妄的。"他出的主意是要美国转而关心国内，做出榜样。"如果美国被普遍视为一个公平、繁荣、有活力、包容的社会，而不是不平等现象横行、主流政治家是爱吹牛的仇外者、监狱人口是全世界最多、机场和公共设施明显衰败而又似乎无人可以改变这一切的社会——美国的民主理想更可能会被他国所效仿。"

接着，他说了一句让人听了觉得有点苦涩的话："这些必要的改革并不容易——我也没有实现目标的灵丹妙药——但是，美国自身改革应该比在阿富汗、也门……建立健全的民主制度容易些。"天哪！拿堂堂美国去同阿富汗比！但他表达的意思是明白的：要在美国搞点改革真难！不信看看医疗保健改革和控枪（不是禁枪！）的改革，真是寸步难行。

法国也是如此，问题成堆，别无他法，只能寄希望于下次大选。法国经济、历史学家尼古拉·巴韦雷在2016年5月16日的文章警告说："2017年的总统大选，是法国在可能的暴力和极端主义中走向毁灭之前，通过民主方式进行改革的最后机会。"听听，已经是最后机会了！如果用民主方式没搞成改革而失去了"最后机会"，又会如何呢？

7. 美国经济开始复苏但老百姓没什么感觉

按照美国政府和主流媒体的说法，2008年开始的金融、经济危机终于有了起色，失业率水平下降，经济恢复增长。失业率不是很高，但实际上是很多人已不张罗找工作了，劳动参与率从2000年的67%下跌至现在的62%。真正感觉好的是硅谷里的精英和华尔街的高层，但他们只占就业人口中的很小的比例。认为美国走在错误轨道上的人2016年4月达到70%。所以有人喊出了美国是"1%人所有、1%人所治、1%人所享"的呼声。

令人困惑的是，经济已经不遵循经济学教科书上描写的规律行走，这一次的经济危机拖的时间很长，至今曙光模糊。美联储主席珍妮特·耶伦2016年4月对记者明确表示：国内外经济有许多东西是美联储——更别说经济学家、投资者、政治家和其他人——目前所不能把控的，"有时你不得不在无法弄清自己想知道的答案的情况下做出决定"。简言之，全球经济正在某种新规则下运行，但新规则究竟是什么，还弄不清楚。

在寻找原因时，人们注意到了劳动生产率的萎靡不振。美国智库世界大型企业研究会的调查显示，2016年美国生产率（单位时间GDP）的增长率预计只有负的0.2%。耶伦强调，导致美国人工资难以上涨的理由之一是生产率的增长低于预期。大型企业研究会首席经济学家巴特·范阿克认为："企业必须对应当进行的技术革新投资，现在就该为提高生产率而采取行动。"然而，是把钱投向实业还是投向华尔街，这是"资本主义金融化"的现实给投资者出的难题。金融强大、实业不振的国家出路在哪里呢？越来越多的人主张使金融系统回归其应有的地位，即商业的仆从而非主人。这做得到吗？

8. 特朗普语言粗俗而选情却"不俗"

2016年的美国大选，使人不得不信这种选举就是"政治娱乐秀"，擅长在电视上吸引观众的特朗普大受欢迎，令那些名校毕业、举止讲究的精英相形失色。他语言粗俗，好走极端，却出人意料地成了共和党的候选人。绅士气派的英国《金融时报》评论说："如果特朗普最终成为美国总统，那将是一场全球灾难，他宣扬偏执的妄想，排外而且无知，完全不够格担任最重要的政治职位。"

为特朗普鼓掌的有一大批在全球化中被边缘化的蓝领工人，特别是白人蓝领。他们失去了好日子，而且看不到再次好起来的前景。当特朗普高喊"让美国再次成为伟大国家"和赶走非法移民时，他们很受鼓舞。恐怖主义的阴影也使他们赞成他阻挡穆斯林入境的主张。当然，光有白人蓝领是不够的，特朗普的"成功商人"的背景使财阀们会有这样的想法：也许让他干也不错，他会让主张减税和缩减政府规模的共和党政策得到群众的支持。

前景还不明朗,但已明朗的一点是美国的政治文化和政治制度已陷入了危机。有人预言,乱哄哄的氛围正期待一个强人,"一种美国式的'专制主义'如今已呼之欲出",即使不是特朗普,以后也会有别人,这对美国和世界来说是凶兆还是吉兆?

9. 社会主义成了美国千禧一代一半人的选项

"社会主义"一词在西方主流舆论中一直是个贬义词,是"政治不正确"的表现,但纽约州立大学教授詹姆斯·科克罗夫特2016年5月30日在西班牙《起义报》上撰文说:"民调显示,50%以上的千禧一代更喜欢'社会主义'这个选择。"民主党总统候选人桑德斯就是以"民主社会主义"为号召,声势虽比不上特朗普,但也颇有号召力。他的年轻支持者打出的口号是争取"一个我们可以相信的未来"。

日本《经济学人》周刊2016年3月8日一期文章说:"除了'社会主义',桑德斯还毫不避忌地使用'革命''阶级'等在美国政治中视为禁忌的词语,在30岁以下的年轻人群中人气很高。"

诺贝尔经济学奖得主约瑟夫·施蒂格利茨2016年3月25日在奥地利《标准报》网站撰文说:"今天的很多年轻人出生前冷战已经结束了,另一些当时还是孩子。社会主义等词语的意义已经和以前不同了。如果社会主义意味着创造一个共同关注的问题不受冷遇的社会,在那里人们相互关心,并重视他们生活的环境,那么这就是它的意义。因此,过去试验的失败对今天的新试验说明不了什么。"说白了,他是想说:苏联、东欧的社会主义失败了,并不意味新的试验就没有意义,没有前途。由此想到,随着代际变化,世界是否会不由自主地向社会主义方向发展呢？

10. 俄罗斯吃了西方的大亏，大国雄心不倒

苏联晚期，经济停滞，官僚阶层特权化，社会矛盾激化，戈尔巴乔夫抓经济无术，便认定是制度出了问题，在前驻美大使等一些所谓政治精英的鼓噪下，要彻底改变苏联的道路和制度。他们以为只要制度一改，苏联拥抱西方，马上就会像西方一样繁荣起来。同时，在西方电波的不断宣传下，苏联老百姓也以为，制度一改，他们马上就可以过上与西方一样的富裕日子。谁知没两年，俄罗斯经济就彻底崩溃了，除了建国初期和打仗外从来没饿过肚子的苏联人民，也尝到了饥饿的味道，饿死了不少人。

更令他们吃惊的是，与戈尔巴乔夫和叶利钦拥抱的西方领导人，不但不在物资上帮助他们，相反一个劲地"北约东扩"，压缩俄的战略空间。清醒过来的俄罗斯人坚决拥护硬汉普京，重整破旧山河。普京誓言：给我20年，还你一个强大的俄罗斯！

这一段历史对世界人民来说都是一份宝贵的教材。今天的俄罗斯怎么看世界呢？俄《观点报》网站2016年6月20日刊登《政治杂志》主编彼得·阿科波夫的文章说："俄罗斯近年来实际上已经恢复了世界第二大国的地位——虽然不是从经济上看，而是根据对全球事务的总体影响力来看。"因石油价格大跌而身陷困境的俄罗斯，可从来没有小看自己。

普京发表过很多激烈批评美国的言论，但他最近说，他承认美国是最强大的国家，但不承认美国的霸权地位。俄罗斯对抗的并不是美

国本身,而是超国家的世界精英通过美国实施的全球化政策。俄追求的是"全球战略平衡",即几个全球重要力量中心之间既竞争又合作共存的多极局面。

放弃了苏联的道路和信仰,仅以彼得大帝和东正教作为自己思想核心的俄罗斯,究竟会走向哪里呢?

11. 德国和日本要同美国平起平坐

德国外交政策网站2016年4月24日在《论手段和目的》的文章中强调了德国同美国要"平起平坐"。该文的原文提要说:"在美国总统奥巴马访问德国之际,柏林要求与华盛顿结成平起平坐的领导联盟。默克尔总理周末说,德国能在'许多领域'与美国'并驾齐驱'……"

德国极右的"德国选择党"选择南部慕尼黑一家啤酒馆里召开党员集会,这里正是当年希特勒发表演说的地方。德国报纸说:"出于对纳粹的反省而把爱国心封闭起来的时代结束了。"他们嫌默克尔不强硬,要她下台。

日本表面上还对美国毕恭毕敬,实际上,修改宪法和实现"国家正常化"在日本是有舆论基础的。修改宪法其实是打美国人的耳光,因为宪法是由美国占领军负责起草的。美国现在为了对付中国和俄罗斯,不惜纵容日本右派,实际上是为自己埋下了祸根。日本人从来就憎恨美国人,希望先同他"平起平坐",然后请他走人。如果美国衰落,保护不了日本的安全,还会留着他们吗?

这两个二战战败国今后的走向，值得关注。当然，今天的国际环境已大大改变了，他们是走向复仇和战争呢，还是与别国和平共处，共谋繁荣？还得由内外因素的变化来决定。

12. "伊斯兰国"已呈颓势，但极端思想消灭不了

最近战场上的形势说明"伊斯兰国"已失去了当初的蛮狠，在战场上的失败只是时间问题，但那里错综复杂的宗教、种族、地缘和外来势力的较量，很难解决。宏观来说，伊斯兰国家是"回不到过去，又看不到未来"，复古是行不通的，但怎样实现现代化，有一个适合伊斯兰的民主制度，让人民安居乐业，现在还看不到答案。社会动乱是极端主义的温床，思想的改变很大程度上依赖物质的改善。这一团乱麻到底如何才能解开呢？

法国《回声报》网站2016年6月13日的文章说："无论是圣战分子的浪漫幻想，还是地区和国际参与者的权力博弈，甚或是建立在宗教基础上的分歧，都不符合平民的渴望。平民想要的首先是生活在安全之中，是被有能力且正直的领导人保护。"

上哪儿去找这样的领导人呢？他们怎么上台呢？要是这样的领导人偏偏是一个专制的强人呢？

13. 科技飞跃是福是祸

这个问题已开始引起人们的注意。其实恩格斯早就警告，科学每征服大自然一步，大自然就会报复人类一分。原子能既能发电，又可以制成原子弹，人类第一次走到了可能自我毁灭的境地。

曾经写了历史终结论的弗朗西斯·福山推出了一本新书《我们的

后人类未来》，警告说："生物技术会让人类失去人性……但我们却丝毫没有意识到我们失去了多么有价值的东西。也许，我们站在了人类与后人类历史这一巨大分水岭的另一边，但我们却没有意识到分水岭业已形成，因为我们再也看不见人性中最为根本的部分。"

可能很多人还不理解这一点，但危险已经存在。对于转基因食品的争论使我们困惑，因为谁也说不清楚。人类可以一方面大力发展科学，另一方面又给它戴上伦理的紧箍咒吗？伦敦帝国理工学院的默里·沙纳汗认为科学到本世纪中叶会到一个"奇点"，会迫使人类思考：人性的本质是什么？人类最根本的价值观是什么？……

初步的认识

当今的乱象说明世界已失去了原来的平衡和秩序，但新的平衡和秩序还没有形成，前途不明，所以大家有一种不确定感、不安全感。

平衡是相对的、暂时的，不平衡是绝对的、永恒的。在冷战时期，世界维持了一种"恐怖平衡"。1989年被打破后，美国极力主张"美国强权下的世界和平"，实际上是要维持和巩固美国的霸权。没想到才过了20多年，这种"一超独霸"的局面维持不下去了，接下来会是一种什么样的新平衡、新秩序呢？世界到底在发生什么深刻的变化呢？它会把世界引向何方呢？根据上述的那些乱象，似乎可以得到以下的认识：

1. 资本主义病得不轻，可能会有某种大的变化

资本主义经过了500年的演变和发展，已经走过了辉煌的顶点，

正在走下坡路,面临制度危机和信仰危机。资产阶级的多党议会民主在战胜了贵族统治之后,自身也贵族化、权贵化、金主化了。形式上、程序上的"民主"掩盖了真正的不民主,所以西方有人喊出了"让民主民主化"的口号。美国2016年发生了"民主之春",人们抗议"金权民主"、两党恶斗和政府机制失灵。2016年的美国大选出现了特朗普和桑德斯这样的政治人物,他们利用人民的不满乘势而起,但并没有真正拿出救国良方。人们隐隐担心西方议会民主将来会不会搞不下去,到那时,希特勒这样的人物就会突然冒出来,后果不堪设想。当然,目前还看不到这种可能性,但苗头已经有了。

在"人权外交"的大旗下,结果是"民主反被民主误"。现在被"民主"祸害了的人民正在向西方"讨债"。另外,以个人主义为伦理基础的西方经济,正陷入资本主义金融化的泥坑而难以自拔。华尔街的势力太大,实体经济难以重振。西方也想要改革,但步履维艰,只能小修小补。

不过,资本主义虽病得不轻,却还看不到有什么东西可以马上替代它。虽然不少人高呼"另一种世界是可能的!"但另一种世界到底是什么,却说不清楚。所以资本主义向何处去,很不确定。有西方学者预言:西方要么在高科技的帮助下再次获救,同时缓和矛盾;要么在矛盾激化中陷入动乱,乱而后生。

2. 社会主义正在走出低潮,制度建设是当务之急

1989年后,共产主义、社会主义已被西方妖魔化,但奇怪的是,越是遭打压,这个"幽灵"越是活跃。现在连西方的年轻人也模模糊糊地向往社会主义。到底什么是社会主义？并没有一个公认的定义和标准，但人们愿意把生活舒适、环境安定、人际和谐、社会公正认定为社会主义。从这个概念出发，可以说绝大多数人都是天生的社会主义者。因而产生了一种"泛社会主义论"，有些北欧国家经济发达、福利健全、法制比较公正，那里的人幸福感强，自认为是社会主义。

各国的起点不同，道路就不同。中国是从一个半殖民地半封建社会的老底子开始走上社会主义道路的，必然有自己的特色。今天中国特色社会主义已在世界上享有盛誉，但还在完善之中，特别是在制度建设方面。西班牙作家、社会活动家米格尔·曼萨内拉·萨拉韦特2013年9月15日在西班牙《起义报》上撰文评论当代中国时说："本文的结论是，一个致力于工人阶级和全人类解放的人，应该支持将国家资本主义的发展作为向社会主义的过渡，同时不丢掉解放的愿景，进行审慎的批评，并承认不断出现的问题。""最可能出现的情况是中国的国家资本主义模式在三四十年的时间内占据霸主地位，这就意味着向着未来的社会主义制度过渡进程的开始。"这是一家之言，仅供参考。外国许多人说中国搞的是"中国特色资本主义"，其实名称并不是最重要的，我们坚持"中国特色社会主义"，心里必须清楚两件大事：一、为谁服务？二、走向何方？

3. 伊斯兰主义在苦闷中探索，路还很长很长

不把恐怖主义的账算在伊斯兰教的头上是对的，但不可否认的是，恐怖主义是在那块土地上滋生出来的。那是一块曾经辉煌、后来

又多灾多难的土地。那里的人民对西方有旧仇新恨，从殖民主义、巴以冲突到伊拉克战争，等等。但恐怖主义是没有出路的，真正的出路是伊斯兰国家如何建设成一个经济发达、政治昌明的现代化国家，从目前看很不乐观。埃及、土耳其和伊朗三个大国，它们能不能成为其他伊斯兰国家的榜样，摆好宗教与世俗的关系，从而使这个地区安定下来，大家都在拭目以待。如果内有教派之争，外有大国干涉，则会使局势更加复杂难解。人们担心恐怖分子使用核恐怖，并非过于担心。

一个国家要进步，只有靠自己。假设100年前，有国家真心想帮中国，怎么帮？只有中国人自己团结起来走自己的路，不断摸索，才有前途。此外，如果只有仇恨之心，没有和解之意，冤冤相报，则永无宁日。在这里可以看到文化传统是多么重要。

4. 国家治理比空洞的民主更重要

西方国家为了推广自己的利益，总把民主挂在嘴上，使自己站在道德的制高点上，极力使人相信：我来了，是为了你好。这里面还掺杂着宗教的普世性，总把别人当作迷途的羔羊。

经过这几十年的实践，老百姓明白了：你说带来民主，却弄得国破人亡。再看看你自己国内呢，民主也不咋的啊！老百姓最图的是安居乐业，所以都拥护能给百姓带来安居乐业的制度和领袖。近年来，嚷嚷民主的少了，盼望良治的多了。有学者提出用 epistocracy（智者治国）代替 democracy（民主，即民治），这反映了不少人的思考。然而，如何实现智者治国，即柏拉图讲的"哲学家为王"，仍是个未解的大问题。

值得思考的是，良治离不开民主，但不适当的民主肯定带不来良治。还是要让各国自己去探索，西方的精英们应该多为本国的民主操点心。

5. 多极世界未必是太平、稳定的世界

从冷战时的"两超争霸"，到苏联解体后的"一超独霸"，中国崛起后，美国有人提出"G2"设想，再到目前正在形成的"一超多极"格局，一种新的平衡和秩序似乎呼之欲出。但群雄并立，未必太平，它们相互间的关系也是不稳定的。

美国明确提出"不当老二"，决心还要领导世界100年，也不承认21世纪是亚洲的世纪。"亚太再平衡"就是把中国视为主要的敌人或对手，军事上包围，外交上孤立，战略上遏制，经济上制约，最终要把中国和平演变成美国可以接受的国家，所谓"融入世界主流"。

中国提出改革开放时，美国就有一个如意算盘，即"发展经济—中产阶级兴起—改变中国的社会制度"，现在他们失望了，所以要用东海、南海等问题来尽量找中国的麻烦，尽量延缓中国的崛起。

其中，美国最关心的是不能让人民币挑战美元的地位。美国维持霸权就是为了保证美元的霸权。所谓"G2"就是希望中国合伙来维持美国的霸权，反过来美国可以让出一些利益给中国，但中国不接受这种把中国与世界各国对立起来的安排，所以美国觉得"中国变得强硬了"。2013年开始的南海仲裁案就是美国导演的一场闹剧，不但没占到便宜，而且也领教了中国的强硬。今后这种斗争还会继续。

我们不争霸，主张合作共赢，而美国偏要独霸世界，这是不可回避的根本矛盾。这不仅仅是意识形态上的矛盾，更是利益之争。我们总觉得我没惹你啊，但在美国看来，你强大了，你就是惹我了，这是美国的逻辑，也是后起国家的天命。如何从全人类的利益出发，妥善处理好与美国的关系，是建立世界新秩序中的头等大事。我们还是应该尽量向合作共赢的方向引导，但也决不惧怕强加在我们头上的斗争。

另外，美国总想"和平演变"我们，我们为什么不能让美国"和平演变"呢？关键是我们能不能把中国特色社会主义建设好。如果我们国力强大，人民安康，领导坚强，社会和谐，就无敌于天下，也有条件化敌为友。美国现在霸气十足，其实已经是一只纸老虎，美国会演变成什么样子，现在还真不好说。一批希望靠着美国获得安全感的国家，其实内心也很不踏实。

6. 全球化遇到了民族主义，期待新的平衡

30多年来，全球化似乎高歌猛进，所向披靡，但近年来引起了巨大的反弹，原因是它带来了利益的巨大不平衡。在国际上，它引起了一些国家得利，一些国家吃亏。在某一国国内，引起贫富悬殊。

美国《国家利益》2016年6月30日的文章指出："全球化过程中产生的经济回报在社会上没有被公平分配，只把金融和高科技巨头变成超级富豪，同时毁掉大批制造业，在经济上受到压榨的中产和蓝领创造出一个新生的失败者阶层。"

美国的特朗普正是以白人蓝领工人利益的捍卫者的面貌出现，赢

得大量选票,而英国的"脱欧"公投,也反映了普通民众的焦虑,这股力量冲击政坛,正在寻求新的平衡。

当今世界虽然有各种主义,但似乎都比不上民族主义的力量大,各国利益的考量更甚于意识形态的共识。同一种社会制度的国家也会矛盾尖锐。过于理想化的政策(比如欧盟一体化),受阻于无情的现实,不得不调整,放慢步伐。

7. 民粹主义与福利主义带来巨大挑战

民主的最大悖论就在于:从理论上说,人民当家做主那就意味着"人民愿意怎么干就怎么干",但从实践上来看,有时大多数人的主张未必是最好的选择。在两者矛盾的时候,作为政治家应该怎么处理?

法国《回声报》网站2016年5月6日的社论说:"愈加明显的民粹主义偏差,源于全球化和国家之间关系的僵局。贸易开放极为有利于新兴国家和那二三十亿人。在发达国家,自由贸易在总体上同样非常有益。但也有输家:低素质人群、低水平企业的雇员以及法国、意大利、希腊、整个中东和非洲地区这些治理不良的国家和居民。"

事实上,西方的中产阶级收入也长期停滞,他们的子女不相信会比父母过得好。上述社论说:"中产阶级已经先在事实上(美国)和精神上(欧洲)堕落了,并滋生反叛。"

民粹主义的另一种表现形式是福利主义。西方的多党议会民主的一大特点是"唯选票为大"。政客都尽量向选民许愿,选民也以福利的多寡作为投票的依据,其结果是福利超出了财力,财政赤字巨大,成了阻碍国家发展的沉重包袱。在以个人主义作为伦理基础的社会,你要办奥运会,我就在关键时刻罢工,要挟政府,而政府往往以妥协收场,这样的福利会长久吗?这样的国家会顺利发展吗?西方的制度性危机现在似乎还可控,但说不定在难以预料的某个时刻突然爆发,不可收拾。

一位哲学家说,人类几千年来总是摆不好自由和纪律的关系。这个根本性的问题考验着每一个政府。我们的人民民主专政把民主与专政放在一起运用,就是一种回答。

8. 人类命运共同体是最佳选择

人类到了当代,真切地感受到了共同毁灭的现实可能性,无论是按动核按钮还是制造超级细菌和病毒,都可能带来可怕的后果。难道人类不能和平相处吗?人类非要在你争我斗中自我毁灭吗?

当今世界缺的不是物质,而是思想。今天全球的粮食足以保证所有人的温饱,但还是有许多人在挨饿。在粮食交易所里长袖善舞的人不考虑饥民的利益。在鼓励消费的广告诱惑下,节俭成了寒酸的代名词。圣雄甘地说:大自然能满足每个人的需要,但满足不了每个人的贪婪。

在当前的形势下,"命运共同体"是一个可以把各种各样的人吸引在一起的理念。尽管矛盾很多,尽管千差万别,但在共同毁灭之前,大家都可以静心想一想,以便决定自己的行动。真正想通的一日,共产主义的自由人共同体的理想便可以实现了,虽还遥远,但现在就应该出发。

世界经济论坛主席克劳斯·施瓦布 2015 年 12 月 12 日在美国《外

交政策》双月刊上撰文说:"我们应该塑造一种未来,它通过把人放在首位并赋予人力量来为所有人服务。从其最悲观、最非人性化的形式上来说,第四次工业革命或许确实可能实现人类的'机器化',剥夺我们的内心和灵魂。但是,作为对人类本性中最好的部分——创造力、同情心和管理能力的补充,它也可以基于一种共同的命运感,将人类提升到一种新的集体和道德意识层面。确保后面这种可能性获胜,是所有人义不容辞的责任。"

中国已把"人类命运共同体"理念昭示世界,以这个高尚的理念来看待纷纭复杂的世界,并采取有力的行动,把中国人民的利益同世界人民的利益统一起来。我们不当头儿,不搞世界革命,也不受人欺负。我们可以通过我们强大的国力和高尚的情操来引领世界,同别国有识之士一起,把世界从危险的境地引向美好的未来。我们不但是中华民族的优秀子孙,也是人类大家庭中优秀的仁爱的兄弟姐妹。我们不相信"上帝选民"的说法,但我们要有历史的担当,在引导人类走历史必由之路方面展现我们的胸怀和气魄。

从"西不西"到超越东西

地球是圆的,所谓西与东,都是从本人所站的地方为原点。西方要解决"西不西"的困惑,不妨以地球是圆的为起点。你要活,别人也要活;你想活得好,别人也想活得好。应该追求的不是"美国第一""西方第一",而是"全人类第一",人类命运共同体是唯一的出路。

第五十六届慕尼黑安全会议2020年2月14日开幕,长期以来,它是西方颇为豪华的"家庭聚会",头面人物、高级智囊坐而论道,好像没有他们操心,地球就要不转似的。

不过,近些年来,他们已从踌躇满志转为莫名忧悒,这从近几年会议的主题可以看出来,2017年:"后真相、后西方、后秩序";2018年:"超越西方";2019年:"全球拼图:谁来拼起碎片";2020年:"西方的缺失(Westlessness)"。

什么叫"西方的缺失"?这是一个新造的英文词,后4个字母是名词后缀，前面是"西（West）"加上"少（Less）"。如果让我译得白一点儿，就是"西方越来越不是西方了"的意思。西方现在难题一大堆，心情忧闷，便想出了这么个词。它有两层意思：第一，我们西方以前在世界上何等威风，说一不二，大家都得老老实实地顺从，现在怎么说话不灵啦？例如德国外长海科·马斯在会上说："中东的未来不再由日内瓦或纽约举行的会议来决定，而是由索契或阿斯塔纳（现名努尔苏丹，哈萨克斯坦新首都）举行的会议来决定。"

第二，看看西方内部，已几乎变得面目全非，越来越不像长期给人留下的"自由、民主、博爱、繁荣"的印象了。西方舆论界愤愤然，有点像焦大怒骂宁国府的模样。

美国在西方一贯以老大自居。二战后，它自认为拯救了欧洲，所以他们理应乖乖地听从自己，不料德国、法国等似乎越来越不听话，尤其是不肯在防务上多花钱，还谋求什么欧洲一体化，实际上是向美国闹独立性，是可忍，孰不可忍！特朗普上台后，撕去了温情脉脉的面纱，赤裸裸地伸手向它们要保护费，这就像在西方的拼图上撕开了一个大口子。

要保持西方"团结"，必须要有共同的敌人，以前是苏联，现在是俄罗斯和中国。美国国务卿蓬佩奥2020年2月15日会议发言时郑重表示，西方价值观将战胜俄罗斯和中国对"帝国"的渴望。他们的如意算盘是：把俄中两国妖魔化，用西方价值观保持内部团结，从而打败一切非西方的价值观和生存方式。

所以，美国在会上声嘶力竭地指责中国，举出"中国威胁"的最大证明就是华为的5G。美国众议院议长佩洛西把华为5G说得相当可怕,似乎谁要是一沾手就要没命似的。中国全国人大外事委员会副主任委员傅莹当面质问:"就我所知,世界运作的方式是,技术是一种工具,自从中国40年前开始改革后,引入了各种各样的西方技术,微软、IBM、亚马逊,它们在中国都很活跃。自从我们开始1G、2G、3G和4G以后,所有的技术都来自西方发达国家,而中国保持了它的政治体制,共产党领导的政治体制取得了成功,没能受到技术的威胁。可为什么如果华为5G技术引入西方,就会威胁政治体制呢?您真的认为民主制度这么脆弱,华为区区一家高科技公司就能威胁到它吗?"她的提问合情合理,很有说服力,当即赢得了一片掌声。

要说近代"西方价值观",其实也就500年的历史,它是从文艺复兴、宗教改革和启蒙运动而来的,特点是崇尚"理性",提倡用"人的哲学"代替"神的哲学"。它主张"一切事物——所有的人、所有的制度、所有的传统——都应受到理性的检验"。它诞生的时代背景是资产阶级的兴起,挑战封建主义,所以当时是进步的、革命的,给世界带来了很多美好的东西。

西方资产阶级当权后很骄傲,以为自己的理性之美,足以为天下训,自己的制度之美,足以为天下范,自己的经济体系之美,足以为天下师。不过,随着掌权日久和在世界的扩张,大家渐渐发现,这个概念不清的"理性"也带来很多问题乃至灾难啊!殖民地人民的觉醒和工人阶级的觉悟,就是这种"理性"演化的产物。今天的世界潮流,就是一种"否定之否定",追求一种让全人类都满意的新的理性。

地球是圆的,所谓西与东,都是以本人所站的地方为原点。西方要解决"西不西"的困惑,不妨以地球是圆的为起点。你要活,别人也要活;你想活得好,别人也想活得好。应该追求的不是"美国第一""西方第一",而是"全人类第一",人类命运共同体是唯一的出路。

歌德(1749—1832)是启蒙运动较晚的旗手之一,他当时就敏锐地觉察到"理性"也有内在的问题,曾写诗道:

东西两大洲,

不要再分离了,

谁是多识的人们呀,

应明白这些吧!

东西方文化融合是历史必由之路

可以相信,21世纪新文化的特点是熔东西方为一炉,很可能是个人积极性的充分发挥与顾全大局的克己复礼的尽可能完美的结合。当然这是一个很长的历史过程。季羡林先生提出世界文化"三十年河西,三十年河东"的论断,给人很大启示。

当今世界纷纭复杂,大的战争没有却恐怖袭击不断,乱象丛生,人们不得不思考:世界向何处去?人类还能不能生存下去?人不能光靠物质生存。正如法国哲学家帕斯卡(1623—1662)所说:"人只是自然界一根脆弱的芦苇,但这是一根会思考的芦苇。"人是刚刚脱离了动物界的会思考的高等生物,必须思考人与大自然的关系、人与人的关系以及如何保持人自身内心的心理平衡。

近200年来,西方文化是世界的强势文化,它凭借西方资本主义的巨大物质力量改造了世界,可谓无远弗届,无人可免。但这种强势是永恒不变的吗?不少先知先觉的知识分子早就在思考这个问题,已故著名学者季羡林先生就是其中的一位。他提出的东西方文化"三十年河东，三十年河西"论，就是对这个问题的思考。现在距离他最初把此论付诸文字的 1989 年，已经过去 31 年了，有必要用世界的变化来验证一下此论是否确当。据我看，季老说对了，而且随着时间的推移，会证明这个论断具有强大的生命力和说服力。

季老是怎么说的

季老主张人类文化的产生是多元的，绝不是哪一个国家或民族单独创造出来的。有史以来，形成了四大文化圈：古希腊罗马延伸下来的欧美文化圈、古希伯来延伸下来的包括伊斯兰国家的闪族文化圈、印度文化圈和中国文化圈。前一个形成了今天所说的西方文化，后三个形成了东方文化。当然这是大概而论，没有细分。

在 500 年前，不存在西方文化主导世界的问题，其他一些文化都有过灿烂辉煌的岁月。客观地说，几千年来一直绵延不断，发育得很成熟、很灿烂的是中国文化，或曰中华民族文化圈。所以季老说："仅就目前来看，统治世界的是西方文化。但是从历史上来看，二者的关系是'三十年河东，三十年河西'。"季老解释说，现在是"三十年河西"，但不要忘了，在这之前是"三十年河东"，而且，到了 21 世纪，又会有大的变化，要转向"三十年河东"了。

促使他提出此论的不是抽象的哲学思辨，而是世界严酷的事实。西方资本主义创造了巨量的财富，但同时也带来了灾难。他说："在西方文化风靡世界的几百年中，在尖刻的分析思维模式指导下，西方人贯彻了征服自然的方针。结果怎样呢？有目共睹，后果严重。""从全世界范围来看，在西方文化主宰下，生态平衡遭到破坏，酸雨到处横行，淡水资源匮乏，大气受到污染，臭氧层遭到破坏，海、洋、湖、河、江遭到污染，一些生物灭种，新的疾病冒出，等等，威胁着人类的未来发展，甚至人类的生存。"

他说："有没有挽救的办法呢？当然有的。依我看，办法就是以东方文化的综合思维模式济西方的分析思维模式之穷。人们首先要按照中国人、东方人的哲学思维，其中最主要的就是'天人合一'的思想，同大自然交朋友，彻底改恶向善，彻底改弦更张。只有这样，人类才能继续幸福地生存下去。"

关于对西方文化的评价，他声明："我的意思并不是要说评价中国文化必须贬低西方文化。……我只想指出，人类历史证明，全盘西化（或者任何什么化）理论上讲不通，事实上办不到。"也就是说，他认为西方文化要吸收东方文化的精华，融会贯通，形成新的人类文化，既拯救人类赖以生存的唯一的地球，也救了人类自己。

季老还认为，东方文化的精华是"天人合一"（印度叫"梵我一如"）。季老解释他心目中的"天"就是大自然。古人把天与神联系起来，这是很自然的。《周易·乾卦·文言》说："大人者，与天地合其德，与日月合其明，与四时合其序，与鬼神合吉凶，先天而天弗违，后天而奉天时。"季老认为这种"天人合一"的思想是"人生的最高理想境界"。

《周易》距今已3000多年了，这种思想深深影响了后代，后人的一些说法,如"天地与我并生,而万物与我为一"(庄子)、"天人之际,合而为一"(董仲舒)、"天、地、人,只一道也"(程颐)、"民,吾同胞,物,吾与也"(张载)等都深深影响了一代又一代的中国人。

　　季老这个思想的形成,源自西方世界和全世界的现实,而西方世界由盛转衰的事实早就在一些先知先觉的西方知识分子心头掀起波澜。英国著名历史学家汤因比(1889—1975)在《文明经受着考验》一书中说,每种文明都有起源、生长、衰落和解体的过程,这是不以人的意志为转移的。季老很看重汤因比说的这句话:"世界统一是避免人类集体自杀之路。在这点上,现在各民族中具有最充分准备的,是两千年来培育独特思维方法的中华民族。"这段话代表了相当一些西方学者的思考,绝不是不经思索、不着边际的偶发之论。与此同时,季老在国内一些人嚷嚷要"全盘西化"的时候,清醒地看到世界的变化和中国的责任,以鲜明的文化自信提出"三十年河西,三十年河东"论,可谓是东西方的"同声相应,同气相求"。

近三十年来世界发生了什么变化

　　实践是检验真理的唯一标准,要看一个论点是否站得住,当然要看它是否被不断演变的事实所证明,其中也包括被新的事实所修正。

　　近三十年来世界发生了翻天覆地的变化,这种变化之快、之深,恐怕是包括季老在内的很多人始料未及的。季老在 1989 年把此论付诸文字发表时,正是苏联解体、东欧剧变的时候。西方认为他们打赢了冷战,此后肯定是西方资本主义政治、经济和价值观大行其道,一统天下了。在这方面最有代表性的是哈佛大学政治学博士弗朗西斯·福山教授的"历史终结论",他在1989年写道:"我们或许正在目睹,人类意识形态演变的终点和西方自由民主制度作为人类政府最终形式的普遍化。"

现在回过头来看,真是一个奇妙的现象。东西方两位著名的教授(当然福山只能算季老的晚辈)都在1989年发表了针锋相对的言论。福山是政治学教授,站在西方的立场上说这些话毫不奇怪;季老是一位学贯中西的语言学教授,并不专门研究政治,却发表了完全相反的观点。他有没有看过福山的文章我不知道,但他写的,不但否定了什么"人类意识形态演变的终点"(言外之意是,全世界都要照西方人的想法去想,这是最后的真理),而且鲜明地指出了西方文化的致命弱点,提出要用东方文化来弥补西方的不足。

要知道,当时苏联、东欧的悲剧,正助长了中国和世界上"全盘西化"的思潮,谁要是批评一下西方,都会受到不少人的嘲笑。甚至有人说,恨不得让中国被西方殖民几百年,把中国完完全全、彻彻底底地变成西方国家,中国人民就幸福了。当时的情景我们现在还记忆犹新。今天我们回顾这样的历史背景来评估"河东河西"论,更显出了季老的远见卓识和真知灼见。可以这样说,福山是沾沾自喜于眼前的所谓西方对"冷战"的"胜利",而季老则站在人类文化历史发展的大潮流之上,清醒地看到了近500年来的来龙去脉,指出了今后的方向,孰高孰低,孰优孰劣,不言自明。

福山所说的"西方自由民主制度作为人类政府最终形式的普遍

化"这个"历史使命",小布什总统在 2001 年"9·11"之后马上付诸行动。从 2001 年到现在近 20 年,世界变成什么样子了呢?看看今天的伊拉克、阿富汗、利比亚、叙利亚等地方,哪看得见什么"西方自由民主制度"?看到的是战乱,看到的是废墟,看到的是难民,看到的是儿童的哭泣。

再看看号称白居于《圣经》所说的"山巅光耀之城"的美国:一方面政府机器失灵,选举机制失灵,经济运作失灵,一切听命于背后的权势集团;另一方面,恐怖袭击和校园枪声,使人民失去了安全感。种族歧视频频引发抗议,这样的社会难道是人类的楷模吗?2016 年美国大选,老百姓心中的怨气通过特朗普之口发泄了出来,发泄归发泄,真正要有改革则很难很难,即便是特朗普也不会有什么大的改变,因为从本质上来讲,他虽赢得白人蓝领工人的好感,但并不是真正代表他们利益的。他是个商人,要首先为商人着想。他不过是利用大家的不满来拥护自己上台而已。

西方为了维护和推广自己的利益,总是要在利益之上披上一件"价值观"的外衣。他们打谁,都说是为了"民主"。当年掠夺殖民地是这样,今天争夺势力范围维护霸权也是这样。这种瞒天过海的手法现在连自己都觉得不大灵了。美国《纽约时报》2015 年 9 月 12 日刊登了《西方价值观正在失去影响力?》的署名文章,篇首第一句话就是:"突然间,西方充满了自我怀疑。"作者在文中问道:"拥抱西方价值观是必然的吗?西方价值观——本质上是犹太教—基督教的价值观——真的具有普世性吗?"作者观察了别国的反应后承认,大家对民主和法制感兴趣,"但对西方的说教不感兴趣,因为它们认为,这种说教很虚伪"。

西方文化的发源地欧洲今天的日子似乎比美国更不好过。他们一直在高喊"自由、平等、博爱",喊得那么起劲,仿佛他们一个个都是圣人似的,悲天悯人,看谁都没有人权。但是,一碰到今天的经济危机,难民涌入,恐怖袭击,他们都惊慌失措,赶紧关门。德国《世界报》网站2016年6月15日的署名文章说,西方一些历史学家"警告欧洲不要重返旧世界的黑暗历史。我们必须急切地认识到欧洲有可能重返野蛮时代"。

关于西方是否在衰落已经争论了几十年了,发表了不少著作。这种说法近几年又很盛行,当然西方总有不少人振振有词地为自己辩护,说西方遇到了问题,但并没有衰落。实事求是地说,资本主义作为一种制度,它还没有完全阻碍生产力的发展,因此不会很快退出历史舞台。但不管是美国的高官还是民间学者,都承认今不如昔了。不但硬实力相对衰落,就算软实力,也因为近20年的胡作非为,其号召力和说服力已大大下降。当美国国务院一年一度发表别国人权报告对别国横加指责时,都会引起义愤填膺的反应:"瞧瞧你自己吧!"所以美国学者忧心忡忡地承认,美国面临制度危机和价值观危机,而且看不到如何才能补救。特朗普大声疾呼"让美国重新伟大起来"指的主要是经济,不是文化。无论是西方的价值观还是商业味十足的西方流行文化,都呈现出衰颓的迹象,振作不起来。这些现象比当年季老看到的还要严重。

如何从哲学层面看西方文化

文化的概念极其宽泛，有人把它定义为：凡是人类创造的所有物质的和精神的产品都属于文化。还有人把文化划分为三个层次：底层是衣食住行、日常言谈和风俗；中间是政治和经济制度；最上层是哲学。要真正认识一种文化，总要从哲学层面来加以分析思考。

1990年季老在谈东西方文化时提出了这样一个观点："东方的思维方式，东方文化的特点是综合；西方的思维方式，西方文化的特点是分析。""我是相信唯物辩证法的。我认为，中国的东方的思维方式是从整体着眼，从事物之间的联系着眼，更合乎辩证法的精神。"

他还说："我现在的想法是，西方形而上学的分析已经快走到穷途末路了，它的对立面东方的寻求整体的综合，必将取而代之。这是一部人类文化发展史给我的启迪。以分析为基础的西方文化也将随之衰微，代之而起的必然是以综合为基础的东方文化。这种取代在21世纪中就将看出分晓。这是不以人们的主观愿望为转移的社会发展的客观规律。我在这里所说的'取代'并不是'消灭'，而是继承西方文化之精华，在这个基础上再把人类文化的发展推向一个更高的阶段。"

季老把东西方文化的差异归之于综合与分析的观点，在学术界争论比较大，恐怕还会争论下去。他举的一个例子是中西医的差别。西医头痛医头，脚痛医脚；而中医则辨证施治，重在治本。这个例子是有道理的。西医必透视、化验找到病灶，分清是什么细菌和病毒，决定用什么抗生素。而中医只号脉观相，决定是补是泻。中医清热解毒的药并不能直接杀死病菌,而是调动你体内的抵抗力来解毒。这就是中西医的差别。这或许可以说明分析与综合的差别。当然中医和西医都在发展,都有了变化。

关于分析与综合之争,可以继续讨论。笔者这里想谈谈自己对西方人的知与行的观察,也许与季老的观点有相合之处。美国人的哲学主要是实用主义,一切以达到眼前的目的为主。为了达到目的——对于早期移民来说就是要在新大陆生存下来并迅速致富——他们可以用一切手段,而不必多考虑道义的约束。他们精神上的引领者是上帝,但上帝的教诲是可以通融的。例如上帝并不号召大家致富,但新教可以相信:致富是完成上帝的使命,是给上帝增光。这种哲学具体表现为以下三个方面:

1. 张扬个性和个人主义

也就是说思考问题、待人接物一切从个人出发。张扬个性是文艺复兴和启蒙运动中的关键词。我就是堂堂的我,不受贵族欺压,不受教会约束。我要追求我的幸福,谁也管不着。这种思想在反封建时是革命的,是人性的觉醒。但是,到了资产阶级成为统治阶级,它如何对待当年同他一起反封建的城市贫民和作坊工匠就成了问题,后来就演变成了资产阶级与无产阶级的矛盾,一直到今天。他们对社会的分析只看到自己,看不到或不想看到、不想顾及别人。

美国《美国新闻与世界报道》周刊2004年7月5日一期有一个特别报道,题目为"定义美国"。其中一段说:"正如政治学家李普塞特写到,我们是世界上宗教色彩最浓厚、最乐观、最爱国、最珍视权利和最个人主义的国家。然而与此同时,我们也是地球上最为物质至上的、孤芳自赏和盛气凌人的国家。正如托克维尔所说,当我们谈论美国人的价值观时,我们所谈论的是某种举世无双的东西。但是,这些西方价值观几乎不断地相互发生实际的或表面上的矛盾。例如,世界上最平等主义的国家怎能允许贫富存在这样大的差距呢?一个由移民组成的、抱有容纳百川的激情的国家,如何与其纷争和种族冲突的历史相合拍呢?"

这段话有助于我们理解美国人的思维。美国当今面临的问题,都可以追溯到个人主义,当金融家的个人主义膨胀的时候,造成赢者通吃的局面时,他们如何面对其他的也抱定个人主义主张的人们呢?

2. 非黑即白的零和游戏

由于他们一切从我出发,把自己看成了"上帝",一直把自己置于道德的制高点上,认为只有自己的宗教、价值观和社会制度才是正统,担负起了"白人的责任",要来拯救"迷途的羔羊"。凡是赞成他的即为友,凡是不接受的即为敌。黑白分明,没有其他的选择。这种分析很简单也很荒谬。

美国是一个宗教气氛浓厚的国家,基督教的普世追求成了他们的行动准则和判断敌友的标准。杰伊·托尔森在上文中说:"冷战时期反对好斗的无神论意识形态的斗争,要求用美国自己的宗教色彩来加以巩固。在艾森豪威尔时代,国会在国会山上开设了一间祈祷室,规定'我们信仰上帝'为国家正式的座右铭。"

2002年当美国开始"反恐"战争时,小布什总统的口头禅就是:

要么同我们站在一起,要么成为我们的敌人!这种既唯我独尊又非黑即白的思维方式,把复杂的问题简单化了,也使政客为自己的私利行动披上了一件十分方便的宗教外衣,显示出神圣的色彩。其结果呢?真朋友越来越少,敌人越来越多。

3. 征服自然竭泽而渔

以自我为中心的思维方式决定了对待大自然的态度。资产阶级一旦掌权,便要狂热地追求利润最大化,以傲慢的态度处理人与大自然的关系。有的个人主义者恨不得把月亮占为己有。竭泽而渔后果严重,伦敦变为雾伦敦的历史便是一个证明,后来发生毒雾事件死了人后才开始醒悟。当时恩格斯便告诫说,每征服自然一步,自然是要报复的。现在全世界开始觉悟了,但要在美国通过减少碳排放的法案很艰难。现在人们都把振兴经济的希望寄托在科技突破上,当心不要不顾伦理,走过头,造成难以挽回的损失和灾难。

综上所述,个人主义哲学、非黑即白的唯我独尊和征服自然的傲慢与愚蠢,构成了实用主义哲学的核心,也正是当今世界许多乱象、险象的病根。

季老在1990年写道:"我不敢说,到了21世纪,中国文化或包括中国文化在内的东方文化,就一定能战胜西方文化。但西方文化并不能万岁,现在已见端倪。两次世界大战就足以说明西方文化的脆弱性。现在还是三十年河西,什么时候三十年河东,我不敢确切说。这一定会来则是毫无疑问的。21世纪可能就是转折点。"

季老后来不用"战胜"这个词,而用"融合","东方文化济西方文化之穷"。西方和东方已经发生了巨大变化，美国《外交政策》双月刊网站2016年7月14日刊登该刊总编辑罗特科普夫的一篇文章，说他到上海后的观感是"这里的一切都是关于未来的，一个以中国为中心的未来"。据他说，他在同中国人交谈后的感受是，似乎中国人要他明白："我们才是未来，你们已经是过去了。接受这一点吧。"

我怀疑会有中国人这么同他说话，他倒是应该多听听中国的主旋律："合作共赢""命运共同体""绿色经济"。这些话言简意赅，含义深长，应该是21世纪的基调，而不应该是唯我独尊，非黑即白。可以相信，21世纪新文化的特点是熔东西方为一炉，很可能是个人积极性的充分发挥和顾全大局的克己复礼的尽可能完美的结合。当然这是一个很长的历史过程。我想这也是季老所憧憬的。未来是属于东方和西方大家的，21世纪不可能只有一个国家才有未来，未来一定属于所有的人，否则就不会有未来了。

利不可独　谋不可众

民主与专制不是非黑即白的零和博弈,不要怕别人骂什么"专制与独裁",我们奉行的是民主集中制,如果它能带来社会的安定、经济的上升、生活的改善和断案的公正,大家就一定会拥护。

写中国近代史,曾国藩是一位不可或缺的人物。如何评价他,不是本文的目的,只是想说一句,评价历史人物,不可脱离当时具体的历史条件,若硬要用今天的标准去要求他做超越时代的事,那是不切实际的。曾之言行,是儒家学说付诸行动而迸发出的一束耀眼的火光,所以毛泽东青少年时曾说:"愚于近人,独服曾文正。"曾国藩是追求知行合一的人,注重实践,曾与人在私下议论说:"朱子(朱熹)大儒,然未必能做事。"这一点就让人钦佩。

本文只是尝试讨论他写的《人生六戒》之中的一戒"利可共而不可独,谋可寡而不可众",引起这种兴趣的是当今世界呈现的一些乱象,而这些乱象中正隐伏着世界的未来。曾国藩当然看不到身后100

多年的世界，但他讲的这一戒倒正切中时弊，值得认真思考一番。

利可共而不可独

曾国藩在那个时代讲这句话，主要是针对统治阶级内部的利益分配，与为百姓大众谋利益并不是一回事。他是个带兵打仗的人，所以他告诫部下："为将之道，谋勇不可强几，廉明二字则可学而几也。牟勇之于本营将领，他事尚不深求，惟银钱之洁否，保举之当否，则众目睽睽，以此相伺；众口啧啧，以此相讥。惟自处于廉，公私出入款项，使阖营共见共闻，清洁之行，已早有以服众牟勇之心。"主要意思是说，银钱上清白，擢升上公正，大家才会心服口服，士气便旺。

曾国藩对老百姓也有同情。平定江西后，他看到百业凋敝，民生困苦，在军饷十分吃紧的情况下，下令大幅减少田赋税收，全部停止州县一切捐摊款项，只对商人开征厘金。此举给军饷带来了很大困难，他后来也有点后悔，但还是决心执行下去。

"利可共而不可独"，应该是一个很平凡的真理，若要天下太平，先要百姓气顺，倘若贫富悬殊过大，有了矛盾和冲突又得不到公正的裁决，社会就安定不了，看看今天西方社会的教训，我们应引以为鉴，万勿重蹈覆辙。

在英国公投脱欧后，法国《费加罗报》网站2016年7月8日发表了对经济学家让－米歇尔·卡特勒普安的专访，他指出当今西方经济危机的症结是"新自由主义"的失败。他说："英国脱欧标志着一个持续40年的周期的结束，伴随这一周期的是以撒切尔夫人和罗纳德·里根为代表人物的芝加哥学派。这一主义在意识形态上的胜利体现的是米尔顿·弗里德曼思想的实行，即市场的绝对有效性、完全的自由主义和尽量少的政府参与。但是，人们发现历史总以钟摆来回摆动的方式前进：新自由主义希望通过绝对自由贸易、全球一体化、在盎格鲁——撒克逊旗帜下的世界统一化，从而达到历史的终结。但这一模式遭遇了多次打击。第一次就是2001年的'9·11'事件：它显示了面对恐怖主义行动，一个全球化、金融化的世界的脆弱性。第二次是2008年的次贷危机。这个体制消化了'9·11'袭击，但是一直没有消化次贷危机。实际上是这种经济模式自身现在已走到了尽头。民众意识到，同那些人所保证的相反，这一模式不是共赢的，而是有赢家也有输家。"

新自由主义散布了一个美丽的神话：让会发财的人尽情地发财吧，用什么手段，政府不要去管，他们发财了，社会财富增加了，财富就会像水滴一样一滴一滴地滋润下层的老百姓。可是无情的事实粉碎了这个神话。

卡特勒普安说："全球化的赢家是伦敦，这里有金融家和不同阶层的移民。后者通过接受更低的薪水和更薄弱的社会保障而占有一定的就业岗位。输家是英国其余地区，他们生活在边缘、农村。这些人既没有看到这种全球化带来的好处，也没有看到加入欧盟后的进步。"

他的这番话道出了以资本主义金融化为特征的全球化带来的后果，金融家和普通老百姓的感受有霄壤之别。在美国，前10%的人拥有全国50%的财产，1%的人拥有20%的财产。华尔街与普通老百姓的感受差别比英国还要强烈，这就引发了"占领华尔街"的风潮，1%的人与99%之争，成了今天美国政治冲突的代名词。

这种分配不公的状况促使法国经济学家托马斯·皮凯蒂2014年写了《21世纪资本论》。也许人们想象不到今天美国中产阶级的窘况。他们的收入已有20年基本不动，尽管他们的大老板在享受巨额的奖金（2015年，华尔街6家大银行的首脑和高管可分得1.3亿美元的分红）。美国《大西洋》月刊2016年4月发表了一篇《美国中产阶级的耻辱》的调查，其中出了一道题："为了应急，你如何支付一笔400美元的费用？"47%的受调查的美国人称需要借钱或变卖一点儿东西才行。400美元合人民币2800元左右，竟然会有如此结果。这是在堂堂的美国啊，不是在非洲等一些地方。

现实迫使当政者思考。G20首脑会议刚刚在杭州结束，英国《金融时报》2016年9月5日的文章标题是"G20领导人被敦促'令资本主义更文明'"。文章指出，要走出当前困境，寻求推动经济增长的办法，必须"令资本主义更文明"。文明并不体现在空洞的民主说教上，而是在经济的公平公正之中。据报道，西方首脑在杭州的彼此会晤中"都强调了安抚公众不满情绪的必要性"。

潜在的危险不容忽视。英国《独立报》2016年7月26日发表题为《世界经济危机进入政治舞台，结果可能很危险》的文章，该文"原文提要"警告说："历史学家发现，中产阶级的消亡是大萧条后法西斯主义和军国主义崛起的关键原因。我们决不能让历史重演。"西方报刊曾举例说，第一次世界大战结束后，一位德国老兵回到老家农村，下决心艰苦劳动，攒够一笔钱，买一块地，娶妻生子。几年后，等他攒了一大笔钱却遇到了严重的通货膨胀，钞票成了废纸，美梦成了泡影。一气之下，他参加了希特勒的党卫军。

看来"利可共而不可独"是普世真理，实在马虎不得，弄不好是要出大事的。

谋可寡而不可众

曾国藩的这句话给人的第一印象是专制独裁，但细细想来，怕不是如此简单。曾是个统帅，军机大事，决断要快，否则会贻误时机。这句话主要是讲他与同僚和幕僚的关系，同现代意义上的民主不是一回事。但此话阐发的道理，值得重视。

当时有一位名士叫吴汝纶，先后在曾国藩和李鸿章手下当幕僚。他认为，在曾手下做事，自己"日有进益"，因为曾善集思广益，诚恳待人，并注意陶冶群英，"于是人争自濯磨"。而李鸿章"喜用小人之有才者"，"文章道德尚在其次"，而且"好以利禄驱众"，对僚属"一切小过，悉宽纵勿问"。李办事"必出己意"，合意者用之，不合意者摈之，无讨论，无切磋，于是奉迎取巧之风盛行。这就是曾、李两人的高下之别。

从如何决策这一点上来说，"谋可寡而不可众"是有道理的。如果有5个人商量明天到哪里去玩，一般可以商量出个结果；如果50个人一起商量，那就难了；如果500人一起商量，很可能一天也商量不出一个结果来。

法国知名文学家和政治思想家弗朗索瓦·勒内·德·夏多布里昂（1768—1848）曾写到，如果所有民众要在一起制定法律，那么他们追求的是一种纯粹的民主。这只适合在小国，比如城邦国家。如若国土广袤，便只能实行代议制，即各地派代表参加。这种代议制若要成功，最好是在开化而富裕的国家，而且民众的道德水平要高。所以他认为是道德水平决定政治制度，而非政治制度决定道德水平。

现代民主有一个先天的悖论：按说人民当家作主应该是一人一票做出决定，然而事实上：第一，不可能事事都要大家公投，这样做社会成本太大，承受不起。第二，即使一人一票，由于大家的认识水平千差万别，对要决断的问题的复杂性并不了解，很可能很多人自以为是地或随意地投了一票，结果却与大家的想象南辕北辙，这可如何是好？英国脱欧公投之后，这个问题便引起了热议。很多人认为，对于复杂的政治和经济问题，不可能靠公投来解决。

再说代议制吧，也有不确定性。谁能保证你选出来的代表会永远做出大家满意的决定？这个代表你真正了解吗？他会不会受利益的诱惑？所以，那种以为只要一人一票便可解决一切难题的"民主原教旨主义"在现实中常常出问题。

现在西方民众对一贯引为以自豪的多党议会民主制已颇有怨言。美国《新闻周刊》网站2016年6月12日的文章说："我们都知道美国政府系统已分崩离析。我们送到华盛顿的都是两党的败类，他们是坚定不移的党徒，重视讨好党内极端分子和特殊利益集团，多于重视带领国家前进。"

《纽约时报》2016年5月14日的文章打了一个妙喻:"当人们不断往自动售货机里塞钱,而这个机器却无动于衷,或吐出与他们的选择截然相反的商品时,一些人就会用脚踢或是掀翻自动售货机。"现在西方民主机器就是这样的售货机。

那么,这个机器该怎么修呢?似乎大家也都拿不出什么好的主意,有人说要改进推选候选人的办法,有人说要优化选区的划分,有人说要诱使或强迫大家去投票(现在西方国家投票率往往不到一半)……最引人注目的是有人提出要用"智者治国"来代替"民治(民主)"。美国乔治敦大学教授贾森·布伦南在2016年9月6日的文章中说,他不久就要推出一本新书,题为《反对民主》。他认为选民根本不具备知识条件来分别认识不同的政策纲领,因而最好是根据选民的不同知识水平来决定他们的投票权,"在智者治国体制下,投票权在某种程度上根据知识来分配。智者治国可能给每个人投票权,但某些票的权重高于其他票,更大的可能性是把某些公民排除在外,除非他们能通过基础的政治能力测试"。他是在深受英国公投脱欧的刺激后发此宏论的。

这可真有点吓人。智者治国,谁算智者?读书多的人往往是钱多的人,由他们说了算吗?就算他们掌了权,就一定会明智决策吗?穷人会老老实实地听他们的吗?这种说法不由得让人想起柏拉图的"哲学家为王"。想法是好的,类似于中国人盼明君。但哪里去找合适的哲学家,又怎样合理合法地把他捧到王位上去呢?而且,谁能保证哲学家不会犯糊涂了呢？布伦南先生的高见似乎有点"病急乱投医"，真为他捏把汗，但他的思考并非没有价值。

　　写到这里，自然想起了曾国藩的"谋可寡而不可众"，他讲的是有一定道理的。现代民主的优点和缺点现在大家看得比较清楚了，如何改进，看来还莫衷一是。应该承认，民主没有标准答案，今天没有，明天也没有。民主没有一了百了的痛快，没有理想化的欢快，也没有百发百中的明快。民主只有不断地探索，不断地改善，寻找适合自己的办法，才能比较符合人们的心愿。民主与专制不是非黑即白的零和博弈，不要怕别人骂什么"专制与独裁"，如果它能带来社会的安定、经济的上升、生活的改善和断案的公正，大家就会拥护。至于由多少人来谋，多少人来断，那要根据具体情况而定。

　　布伦南说："我认为，民主本身不是目的。它的价值跟锤子相似。民主是一个有用的工具，为了产生公正有效的政策。如果我们找到一把更好的锤子，我们就应该使用它。事实上，智者治国可能就是一把更好的锤子。自由共和主义的智者治国可能优于自由共和主义的民主体制。"西方如何改善自己的民主制，我们只能拭目以待了。

　　我国的民主集中制是兼顾了"寡"与"众"这两方面的，追求两者的对立统一。从群众中来就是从"众"，形成政策，再到群众中去，就是由"寡（集中）"到众的过程。又有民主，又有集中，这样既集中了群众智慧，又防止了议而不决的拖沓，这是我们的法宝，要永远坚持下去。在坚持中完善，在完善中坚持，这也是西方嘴上不说心里却羡慕我们的地方。不是有美国人说，在争吵不休的时候，最好

"当一天中国"。

共产党没有自己的私利,为人民服务和解放全人类是我们的宗旨。如果你入了党,就要坚信和坚定这一点。由优秀共产党员组成的各级领导核心,必须担当起民主集中的重任,不辜负人民的重托。我们有条件在民主制的不断完善方面为世界做出一个榜样。这也是对西方民主原教旨主义的一个最好的回答,我们对此应充满自信。

疫前疫后的世界会有什么不同

2020年初,突如其来的疫情让我们看到了世间百态,病毒是本来就在进行中的大变局的催化剂,危中有机,只要我们应对得好,坏事会变成好事。

《世界是平的》作者托马斯·弗里德曼在2020年3月17日发表了一篇文章,提出要像"公元前、公元后"一样,来认识"新冠前、新冠后"的世界,引起很大关注。2004年他写该书时,颇为全球化的迅猛发展和巨大好处而兴奋,没想到首先起来反对这个趋向的正是当年设计和推行这一方针的美国,而瘟疫的暴发更是雪上加霜。

此次疫情暴发,特朗普应对失措,面临疫情大暴发而难以收拾的危险,于是不得不放弃"小政府"主张,宣布"紧急状态",限制"公民自由",让人看到了另一个美国。"世界是平的"已难直线延伸,今后的世界也许会令人陌生甚至惊讶。

"苏伊士时刻"

"习惯性反华"让西方吃了苦头。《华盛顿邮报》2月宣称"新冠病毒显示了'中国模式'的脆弱",但到了3月19日,《斯坦福日报》引用斯坦福大学学者的话说"新冠病毒证明了'中国模式'的力量"。正如世界卫生组织总干事谭德塞说:"中国的速度、规模和效率……是中国的制度优势。"西方本来满心期待这次疫情会成为中国的"切尔诺贝利时刻",像苏联一样加速垮台。没想到中国挺住了,令世界惊羡,反而西方有人在议论,这次美欧在疫情面前的失当和被动,会不会成为西方的"苏伊士时刻"(指1956年英国出兵埃及),像当年英国一样加速衰落?

弗里德曼看了中国抗疫后借用别人提出的"松散社会(Loose Society)"和"紧密社会(Tight Society)"来解释东西方在应对疫情时表现出的不同。他认为中国有自己的文化,一贯倾向"紧密",所以应对有方,而西方文化一贯倾向"松散""自由",所以应对无力。这种说法有一定道理,但只是讲了现象,而非本质。

西班牙公共卫生专家路易斯·奥坎波提醒注意"带着明显地域和文明特征的文化而引起的各种问题"。他写道:"只有文明的进步,特别是健康、社会福利和教育等领域集体社会制度的进步,才能改变人类的脆弱,与新自由主义和非理性主义相关的个人主义,当然会削弱这种进步。"

中国特色社会主义既继承了中华传统美德,又以社会主义精神文明为指导,以民为本,强国富民,才有了今天的成果。我们有自己的民主制度，事实证明可以有效运作，有利于集中力量办大事。两种思想、两条道路、两种制度的比较和盛衰，才是当今世界演变的本质内涵，而非用"紧密"和"松散"所能概括。在西方的语境里，"紧密"暗指"专制"。今后西方社会会不会向"紧密"转变呢？能不能转？转成什么？是福是祸？还难以预料。

美国向何处去

美国的自由女神象征着世界的灯塔，这种感召力维持了一百多年，但现在已大为减色。正如西方学者评论的："如今，最大的威胁越来越多源于老牌民主国家的制度遭到削弱，而这些国家一度曾是自由公正标准的制定者。""以《联合国宪章》和《世界人权宣言》为基础的旧世界秩序在新旧世界的各国都日渐衰败。"马克龙和默克尔最近一些讲话，既表达了对美国的不满，也对本国制度和文化进行了忧心的反思，认识到西方霸权威风不再，不得不变。

学者说，现在有两个美国，一个是"华盛顿美国"，另一个是"华尔街美国"。在华盛顿时期，美国是在争取殖民地独立，所以美国宪法具有理想主义色彩，美国最早的移民具有基督教社会主义追求，但这些都经不住资本的侵蚀。个人自由、个人奋斗已从个人主义发展成了极端个人主义，现在又演变成了以金融资本主义为主导的"华尔街美国"。近来的股灾说明"华尔街美国"已日暮途穷，但还没有死到临头，这种"钱生钱"的游戏还会玩下去，直到阶级矛盾极度尖锐的时候。

特朗普因疫情恶化宣布"紧急状态","自由的美国"一下子变成了"集权的美国"。有人猜测,当惯了说一不二的董事长的特朗普,会不会利用这个机会从制度设计上改变美国?会不会走上希特勒的道路?目前看来还不至于,今后有没有人会这样做,只能打个问号。

李光耀去世前在他写的书中承认美国大不如前,但坚信"美国的成功在于活力十足的经济,而这活力的来源是一种不可思议的能力",他称赞美国人的"思想火花","美国人能够不时想出可以改变游戏规则的新发明,使这个国家又走在前沿"。

据我看,美国人的"个人奋斗"便是这种活力十足的思想火花的原点,它是双刃剑,既可成事,又可毁事。我们强调集体主义的时候,也要鼓励个人努力实现自我价值,社会尊重个人价值,并把个人积极性融入国家的伟大的奋斗之中。

在困局中寻找机遇

一个病毒,一个股灾,都在检验政府的治理能力和科技实力。有人说全球化可能被逆转。看来供应链的调整是会有的,但不可能逆转。一只小小的口罩,被人说成了"口罩神话",美国有高科技,但从成本上考虑,它要大规模迅速提高口罩产量也不可能。英国《金融时报》2020年3月11日文章说:"企业仍然看到了全球贸易的优势,消费者仍然从中受益,而且这仍然让世界变得更加安全。"世界各国在生产各种产品时的"比较优势"永远存在,即使古代也不会为了不进口小麦而去毁掉葡萄园放弃酿酒。

更要看到的是，疫情在催化新需求、新业态、新科技。英国《泰晤士报》网站2020年3月5日的文章《新冠病毒能够引发一场新工业革命》说："今天的新技术——3D打印、人工智能和机器人技术——能够带来一种形式截然不同的全球化。"

同时应该看到需求的变化。面对突然降临的死亡威胁，人们不得不考虑美好生活是什么，不难想到的答案是：第一要健康地活着；第二要衣食住行无忧，不必奢华；第三要人与人和谐相爱，有个温暖的家；第四要有一个友善的大自然。我们去看跳广场舞的大妈们，她们大多工资不高，但跳得很开心，而家财万贯的人则有可能夜不能寐。大疫之后，世界经济肯定大受影响，社会财富不会像以前增长那么快，但这并不意味着我们的幸福感一定会减少，财富与快乐在一定区间内并不成正比。

对于民主、自由的看法也会改变。一位在中国工作的美国音乐副教授说，他回到美国，却觉得中国更安全。他写道："值得从中国人民身上汲取的经验包括：每个人都必须接受自己的责任、脆弱性和连带关系——为了集体利益牺牲'权利'，否则，我们中许多人将死去。"

命运与共是唯一的选择

病毒是让人认识"人类命运共同体"的最好的老师。它不分种族、宗教、国别、肤色，一视同仁，企图用它来诬蔑、贬损别人的人，迟早也会遭到报应。

我们现在处在一个奇怪的时代，正如英国《金融时报》首席特稿撰稿人亨利·曼斯所写："在这个时代，人类灭绝和人类永生都被认为是真正可能发生的事。即将到来的全球大流行病，可能会影响我们对人类灭绝和人类永生究竟哪一个更有可能发生的看法。"

要生存就要相信人类命运共同体。要说服执迷于追求"利润最大化"的人相信这个理念，并不容易，今天病毒给他们上了一课，效果如何，有待观察。我们不想当头儿，但我们也不愿意被人拉进万劫不复的深渊。坚定、耐心、明智地发挥我们的影响力，是我们义不容辞的时代担当。现在很多国家希望中国帮助，我们只能做力所能及的事情，首先要发展自己，才能真正走得远。

疫后的世界充满了不确定性，危与机并存，要想立于不败之地，一定要做好最坏的准备，争取最好的结果。最坏的情况是什么呢？世界防控新冠失控，全球大流行，人口大量减少，世界贸易重挫，西方政局大乱，希特勒式的政客冒头，美国铤而走险，挑起战争以缓和国内矛盾……虽然现在看来概率不高，但也并非绝对不可能。

如果我们以此作为应对的底线，扎扎实实地做好自己的事，也许坏事会变成好事。面对百年未有之大变局，具有中华优秀文化传统的中国人，能否如英国已故著名历史学家汤因比所期待，以东方文化补西方文化之不足，不急不躁，顺势而为，适时引导，匡正时局，将是对我们的严峻考验。难道真有一次"女娲补天"？……

天灾人祸考苍生

新冠病毒可以在任何时候、任何地点、任何人群中暴发。中国人也是受害者，不是加害者。中国开始遭灾时，不少国家送来了援助，后来中国的口罩又成了保护世界很多人的"新的长城"。人类理应团结起来共同应对。

在西方的宗教和神话中有这样的说法：上帝在看着人类，如果罪孽太深，就会降灾惩罚。中国古人也模模糊糊地有个"天"的观念，西汉哲学家董仲舒就要皇帝和百姓相信"天人合一"。到了近代，恩格斯有段著名的话："我们不要过分陶醉于人类对自然界的胜利。对于每一次这样的胜利，自然界都对我们进行报复。"

网上有个视频流传很广，大自然以第一人称说道："我是大自然，我不需要人类，而你们需要我……"催人醒悟。是的，人类早就自封为地球的主人了，并且还在窥伺整个宇宙。但大自然以一次次的灾变提醒人类！20世纪末，就不断有明智的人呼吁：人类千万不要自己毁灭自己,这种危险已迫在眉睫,比如核战争、温室效应、新型病毒、非常规暴力……然而,当"灰犀牛"悠然在远处溜达的时候,大家只觉得它还遥远。

天灾来了。新冠病毒悄无声息而又猛烈地向我们扑来,猝不及防,一场大考突然降临到各国政府和人民头上。这是需要人类警醒、反思、合作、奋起的重要时刻。然而,人们很快发现:比新型病毒更毒的是政治病毒。

中国在这场大考中表现如何,只要不心存偏见,自有公论。中国人民经受了考验,中国特色社会主义制度经受了考验。据美国总统特朗普的政治对手民主党统计,特朗普本人在2020年1月、2月曾十多次肯定了中国的防疫成绩。然而,政客的脸说变就变,为了连任,现在特朗普把他一手造成的错误和灾难统统甩锅给了中国。他要选民相信:我一直干得很好,你们的苦难,统统都是中国的错!病毒是从武汉实验室里跑出来的!

据美联社4月30日报道,特朗普说美国"正在调查它是怎么逃出来的"。他还誓言要中国"付出代价"。这种表演会蒙骗一些不明真相的人,但这种"先有结论,后找证据"的做法连美国情报部门也觉得吃不消。

美国《时代》周刊网站报道,美国国家情报总监办公室4月30日发表声明,驳斥了新冠病毒是"人造或基因改造"的说法,而且无论是情报界还是科学家都没有找到足够的证据,以证实这种说法。

该报道援引两名美国情报官员的话说,美国这种执意要他们找到证据的做法，使他们联想起了小布什政府曾要他们拿出伊拉克拥有大规模杀伤性武器的情报。其中一名官员说："当时屈服于政治压力是错误的，现在也是错误的。"

至于于法无据、于理不通的所谓要求中国用美国国债赔偿的官司，第一个着急的竟然是白宫经济顾问拉里·库德洛。他说："美国债务责任的信用和信誉是神圣不可侵犯的。美元作为储备货币的地位也是同样不可侵犯的。"美军、美元和美国经济科技是支撑美国霸权的三大支柱。美军支持美元，美元养活美军，如果美元的信用垮了，美国也就垮了。那些头脑发热、想入非非的政客和讼棍们可要想好了！

天灾降临，不分国家、种族、肤色和信仰。新冠病毒是人类共同面临的挑战，中国人也是受害者，不是加害者，人类理应团结起来共同应对。中国开始遭灾时，不少国家送来了援助，后来中国的口罩又成了保护世界大多数人民的"新的长城"。令人宽慰的是，欧洲已发出了团结抗疫、支持世卫的呼吁。中美两国科学家一直在合作抗疫。美国《国家利益》双月刊网站4月7日的署名文章说："现在断言新冠病毒大流行危机将对美中关系产生什么影响还为时尚早，好几个指标表明情况在加速恶化。但这场危机也突显了美中联手抗击新冠疫情的机会和必要性，从而为扩大双边合作和建立互信开辟了道路。"

美国前总统奥巴马的外交政策顾问本·罗兹4月6日在《大西洋》月刊上撰文，痛感近年来"我国文化中的粗鲁性、我国政治中的卑鄙性、我国媒体的分崩离析"。他认为对美国人来说，现在最重要的是"家庭、共同体和一种体面"。

高举火炬的自由女神,曾象征着美国的理想和体面,现在还剩多少?最近罗兹先生带着他5岁的女儿在空荡荡的街道上散步,女儿摘下一朵蒲公英,吹去花冠。父亲问她为什么,她说:"让冠状病毒滚蛋!"让美国、中国和全世界的小朋友一起来吹吧,这个世界,是属于他们的。如果有上帝,这也就是苍生的回答。

天堂地狱一念间

新冠病毒把资本主义推到了舆论焦点,它的美丽神话和"自由、平等、博爱"的外衣已支离破碎。誓言永保第一的美国果然落了个确诊患者和死亡人数第一。人类已走到了十分紧要的十字路口,"人们正踏上天堂之路,人们正走向地狱之门"。千万要走好啊!

"资本主义病了!"这是很多年来人们不得不讨论的话题。2012年4月,达沃斯论坛主席施瓦布先生对记者说:"人们绝对可以说,当前形式的资本主义制度不再适合当今世界。"今天病毒让人们更理解了这句话。

资本主义的病根在哪里呢?在回答这个问题之前,我们不妨先来讨论另一个问题:资本主义好不好?答:它是人类社会发展的一个阶段,不能简单地用"好"与"坏"来回答。到欧洲去旅游,大家会看见一个又一个古堡,里面曾住过一位又一位贵族爵爷。史书记载,那时渔商从海边贩鱼运到城里去卖,要经过一道又一道卡,交一次又一次税,等运到城里，鱼也臭了。资产阶级革命就是要革掉这些封建城堡的命。

穷人开始时是跟着商人一起争自由的，但一旦商人得到了自由，穷人却被套上了新的枷锁。近三百年来的西方历史，就是这么走过来的，有许许多多悲惨的过去。英国工业革命大有成效之后，伟大的作家狄更斯于1854年写了一本著名的小说《艰难时世》，里面如实描写了一个新兴工业集镇："这是一个到处都是机器和高耸的烟囱的市镇，无穷无尽长蛇似的浓烟，一直不停地从烟囱里冒出来……镇上有一条黑色的水渠，还有一条河，这里面的水被气味难闻的染料冲成黑紫色，许多庞大的建造物上面开满了窗户，里面整天只听到嘎拉嘎拉的颤动声响，蒸汽机上的活塞单调地移上移下，就像一头患了忧郁症的大象的头……"这景象同后来他们自诩的"山巅光辉之城"反差太大。

经过"羊吃人"的圈地运动，被赶出田园的农民就成了机器前面的新奴隶，尽管他们似乎可以"自由"地出卖自己唯一剩下的东西——劳动力。而资本家是何等人物呢？用书中主人公工厂主葛擂更的话来说，他的唯一信条是："人从生到死的生活每一步都应该是一种隔着柜台的现金买卖关系。"真是一语警世！赤裸裸地道出了资本主义社会的本质。

葛擂更先生一生严格奉行这个信条，包括把他20岁的女儿嫁给50岁的银行家。他是这么跟女儿讲道理的："照虚年龄来说，你已经20岁了；庞得贝先生照虚年龄来算是50岁。从你们两个人的年龄来说，是有些不相称，但是从你们的财产和地位来说，是没有什么不相称的；反过来说，倒是非常门当户对呢。那么，问题就来了，只有一点不相称，难道就能作为这么一桩婚姻的障碍吗？"真是逻辑严密、无缝推理，他一手培养的可怜的女儿连还嘴的余地都没有。

当时的教育信条就是个人利益第一。狄更斯在小说中用一个人的对话记录了这一点："……我相信你知道我们整个的社会制度都是建筑在个人利益之上的。个人利益的这种说法是任何人都听得进的。这是我们唯一可以掌握的东西。人性根本就是如此。这一番道理我从小在学校里就听熟了。"没错，整个光怪陆离的资本主义大厦就是建立在这样的道德之上的。

现在可以回过头来回答：资本主义的病根在哪里呢？就在于：从只想个人利益、发展到个人主义盛行、再畸形膨胀到目前的极端个人主义。看看今天华尔街的金融资本主义吧，大亨们可以用谁也搞不明白的什么衍生金融工具，敲敲键盘，不动声色地让一个国家一夜破产，别人跳楼，他们窃笑。

那么，从封建城堡到工业重镇的这种社会演变好不好呢？狄更斯在写了《艰难时世》5年后写了《双城记》。他在小说一开头就写了下面这一大段广为流传的话："这是一个最好的时代，也是一个最坏的时代；这是一个智慧的年代，这是一个愚蠢的年代；这是一个幸运的时期，这是一个怀疑的时期；这是一个光明的季节，这是一个黑暗的季节；这是希望之春，这是失望之冬；人们面前应有尽有，人们面前一无所有；人们正踏上天堂之路，人们正走向地狱之门。"这是一百多年前写的话，今天读来依然生动，发人深省。人类如何往前走，天堂地狱真的就在一念间啊！

资本主义是完全的恶吗？不能这么说。凡是在历史发展过程中存在的东西,都有在一定条件下存在的理由。1848年马克思在《共产党宣言》中的这段话也是大家所熟知的:"资产阶级在它的不到一百年的阶级统治中所创造出的生产力,比过去一切时代创造的全部生产力还要多、还要大。"相对于封建主义,它是巨大的进步,人类从而向物质文明和精神文明都迈进了一大步。但同时,它给人类带来的问题甚至灾难也是史无前例的:两次世界大战、殖民主义、冷战、一次又一次的经济危机、骇人听闻的贫富悬殊……但现在要紧的不是愤世嫉俗,也不能幻想一拳打得天下平,而是需要好好想想,如何才能从现实出发,一步步向天堂而不是向地狱走去。

开阔思路,需要读读经典。记得在一次研讨会上,有位经济学家说:亚当·斯密(1723—1790)的《国富论》是资本主义的"生理学",而马克思的《资本论》是资本主义的"病理学"。细细琢磨,觉得有道理。

出版于1776年的《国富论》原名"国民财富的性质与原因",被称为资本主义古典经济学的开山之作,主要观点是人都是自私的,个人在发家致富的利欲冲动下,通过市场这只"看不见的手"自行调节,不知不觉地推动了整个社会的繁荣发展,而社会财富会像水滴一样滴下来滋润下层百姓。这种"生理学"的描述似乎很逼真,只不过斯密没想到的是,"自行调节"不可靠啊!否则今天怎么会落入病入膏肓的局面呢?

我国有人闹了点笑话,说斯密写了《国富论》后觉得太张扬自私不好,所以又写了《道德情操论》来加以补救。他弄错了。斯密是先写了《道德情操论》,17年后才写的《国富论》。这两本书,一本是主张利他的,一本是主张利己的,在学术界被称为"亚当·斯密悖论",为此争论不断。

　　作为一名100多年后的后人，回过头去望望，觉得只要是一位正直的学者，他应既是一位理想主义者，又不得不是一位现实主义者。如果脱离了现实去空谈理想和道德，又有什么用呢？后人习惯说斯密是经济学家，其实在他那个时代，大学里是把经济归入哲学来教授的，还没独立出一门今天所谓的经济学。斯密是格拉斯大学的逻辑学和道德哲学教授，所以他首先关心的是道德。但道德不是空的，所以在仔细观察资本主义的运作至少17年后，《国富论》诞生了。难道资本主义不正是符合当时经济条件下的道德的吗？葛擂更先生会觉得他那样嫁女儿有什么不道德吗？

　　社会永远在矛盾中前进。《国富论》问世91年后《资本论》来了，它是资本主义的"病危通知书"，马克思冷静地从资本主义的"细胞"——商品入手，一层层揭开剩余价值之谜，即剥削之谜，从而宣告了资本主义的必然命运。他认为只有经济基础改变了，真正的"自由人的联合体"才能实现。现在达沃斯论坛上的很多人避开经济基础不谈，只谈道德，幻想凭空实现"有人情味的资本主义""兼顾利益相关方的资本主义"，等等，恐怕难哪！不过，这总比冷酷的"赢者通吃"的新自由主义理论要好些吧。

　　美国《新闻周刊》网站2020年5月20日刊登了一篇《多一点社会主义的时机已经成熟》的署名文章。文章说："现在，新冠疫情已经证明，社会主义者是完全正确的。随着失业率的飙升，可能有900万人已经失去雇主提供的医疗保险。在美国的私营保险制度下，一旦就业状况出现变动，保险也将随即中断，在疫情期间，这种不必要的残忍变得更加严重。"这是残酷的现实迫使人们发出的呼声。

当今世界正在悄然发生深刻变化，我们现在可以看到不同的企业和企业家，精神面貌确有很大不同，并非个个唯利是图，视钱如命。特别是一些新型科技企业，不少员工往往也有股权，出资者与出力者的关系比较和谐，一种合作伙伴关系在悄悄代替雇佣对立关系，如果这样的企业多了，社会会有什么变化呢？

改变经济基础在当前形势下不可能一蹴而就，这需要在宏观政策变革的同时，充分调动个人积极性，大力发展生产力，久久为功，才能形成潮流。但一个国家的宏观政策靠什么来改变呢？此次疫情把各种制度和治理方式都考验了一遍，各国情况大不相同，今后如何变革，说来话长，这里只能破个题，点到为止吧。

要看到，今天的高科技正在出人意料地改变着人类的生存基础，如果常温核聚变能够实现，能源就无穷无尽，还要打什么能源战？人工智能、区块链、新型材料等预示着一个新的世界已经出现在地平线上，让人似乎看到了人间天堂的曙光。我想，人类只要能有命运共同体的共识，谨慎地迈好面前的一两步，从"美国第一"变为"人类第一"，今后的路就宽广了。

与此同时，人类也已经看到了核武器、生化武器、太空武器、网络战、环境恶化等，大致也看到了地狱之门的模样。"人们正踏上天堂之路，人们正走向地狱之门。"希腊古哲云："人啊，认识你自己！"眼下千万要走好啊！

马克思是怎样炼成的

马克思出生在富裕家庭,却终身为人类最伟大的事业奋斗,自己一家常常生活艰难,强大的精神力量来自于正视现实,同情穷人,胸怀远大理想。

1818年5月5日,卡尔·马克思出生在普鲁士王国莱茵省特里尔市,父亲是一位名律师。前几年我到欧洲旅游,拜谒过他的故居。那是一幢三层灰白楼房,当时当地典型的高级建筑。望着镜框里的照片我想:为什么在这里会出现一位终身为穷人奋斗的伟人?

父亲对他的前途有自己的想法。1835年10月中学毕业后,马克思到波恩大学攻读法学。1836年10月,又被父亲送到柏林洪堡大学攻读法学,但他对哲学与历史更感兴趣。

当时的欧洲,资产阶级革命的最高潮已经过去,但追求自由、民主的风潮依然震荡。德国启蒙运动的代表人物之一黑格尔(1770—1831)的哲学影响很大。黑格尔逝世前几年曾担任过柏林大学的校长,马克思到柏林大学就读时,黑格尔刚逝世5年。黑格尔的追随者分为左右两派,马克思同左派,即青年黑格尔派保持密切联系。自由与民主是他们争辩的主题。他的导师布鲁诺·鲍威尔就属于青年黑格尔派。

1838年5月父亲去世,生活一下子拮据起来。1841年3月30日出具的离校证明上写到,马克思"在纪律上无大过,但在经济上曾因债务问题被起诉"。这种经历使人想到了鲁迅的感叹:倘一个人经历家道中落,就会看到社会更多的真面目。

1841年4月15日,马克思的博士论文获得通过。由于他有自由主义思想,想在大学谋职未成。这时已结婚的他需要一个工作来供养家庭。1842年10月,即拿到博士学位后整整一年半,终于在科隆的《莱茵报》谋得编辑的职位。

马克思并没把工作仅仅看作养家糊口的饭碗,而是视为实现人生理想的一个岗位。现实与理想总有太多的矛盾,而这种矛盾来得太快:《莱茵报》怎样来报道"林木盗窃案"的风波呢?事情简单说来是这样:千百年来欧洲一直有一些公共的山林草地,大家可以在上面放牧拾柴。19世纪初,资本主义私有化的风潮来了,这些公地变成了私地,于是,农民连去那里捡树枝也"犯法",这可犯了众怒。马克思坚定地站在农民一边,为他们应有的权利鼓与呼。

但马克思的思考并非到此为止,而是因此对黑格尔哲学有了质疑。按照黑格尔的哲学,世界是由一种"绝对理性"不断推动变化的,法律则是这种"理性"的体现。若果如此,农民就无权去拣树枝了。马克思做了颠覆性思考,即需要从"头脚倒立"变为"脚踏实地",也就是说不能一切从"理性"出发,而是要从现实的生产和生活出发,必须想想法律是为了谁,并由谁来制定的。

《莱茵报》很快被查封了。1845年夏天,流亡到英国的马克思目睹了资本主义的天堂与地狱,并会见了恩格斯。恩格斯那时虽管理着一个家族工厂,但深深同情工人,写了《英国工人阶级状况》一书,书里说,"在如此阴暗、潮湿、污浊不堪的(厂区)环境中生活的人,一定承受着人类所能忍受的极限"。

马克思与恩格斯走街串巷,吃惊地发现早在19世纪40年代,在曼彻斯特的纺织厂区,每到星期天就有3000多工人集体坐在路边谈论政治、社会和文化。他们把宗教歌曲改为世俗歌曲,唱出他们希望联合起来改变社会现状的心声。

知道了这样的背景,人们就不会奇怪他两人起草的《共产党宣言》是这样开头的:"一个幽灵,共产主义的幽灵,在欧洲徘徊。"从此,马克思把自己的一切(包括父亲的遗产)献给了壮丽的共产主义事业。为此,他经常生活艰难,贵族出身的夫人燕妮常常为付不起食物账单和房租发愁。他们的好几个孩子因为贫病交加而夭折。幸好他常常得到恩格斯的帮助。

1883年3月14日下午两点三刻,马克思坐在书桌前的椅子上溘然长逝。恩格斯在他墓前说:"当代最伟大的思想家停止思想了。""马克思发现了人类历史的发展规律,即历来为繁茂芜杂的意识形态所掩盖着的一个简单事实:人们首先必须吃、喝、住、穿,然后才能从事政治、科学、艺术和宗教……"

这个道理真的太简单了，同时也是太伟大了，因为历史上一切剥削者都用高谈阔论来遮蔽它的真理的光辉。

现在在马克思曾就读的柏林洪堡大学，一走进门厅迎面的墙上镌刻着马克思的名言："哲学家们只是用不同的方式解释世界，而问题在于改变世界。"毛泽东曾说："几千年以后看马克思，就像现在看孔夫子。"含义深刻，令人深思。

共产主义是人类永恒的追求

100多年过去了,现在人类还处在资本主义向社会主义和共产主义转变的历史进程中,这个潮流是不可阻挡的,因为它是由当今资本主义社会的基本矛盾所决定的,并顺应了千百年来人类盼望理想社会的愿望,这种盼望一直没有减退,这种努力一刻也没有停止。

20世纪80年代末90年代初东欧剧变、苏联解体后,共产主义已被污名化和妖魔化,西方舆论极力使人相信共产主义纯粹是虚无缥缈、不符合所谓"永恒理性"的乌托邦,相信共产主义理想的人似乎都是中了邪,既可笑又可怕。真的是这样吗?难道人们把共产主义作为理想错了吗?西方的某些先生们先别高兴得太早。鉴于共产主义一词是从西方诞生的,那么,就让我们先从西方说起吧。

人类自古以来就追求理想的社会

据人类学家研究,可以称得上是人类历史的时间共约10万年。

前8万年渺茫难考,近2万年还可找到一些遗痕。人类真正进化到文明(以出现文字为标志)阶段,也就是近几千年的事。人类最初经历的是"原始共产主义社会"。当然这个名词是现代人命名的,当时的人类并无此认识。他们以血族为单位,共同劳动,共同享受劳动果实,没有高低贵贱之分,秩序是靠族长的自然权威维持的。因此,那时是个没有贫富差别、没有阶级之分的社会。

1929年美国人类学家罗伯特·路威写了一本书,名为《我们是文明的吗?》(又译《文明与野蛮》)。他在第15章里这样写道:"在1750年,伦敦市盗匪猖獗,他们和保护治安的军队沟通。历史学家归咎于街道黑暗和缺少警察等。现在我们的街道可算是大放光明了,稍微重要些的城市无不拥有大量的警察,然而纽约和芝加哥的盗案还是层出不穷,匪徒以机关枪自卫,才不怕你警察。这还是处在太平时代。到了警察罢工的时候,像早几年波士顿那样,大都市简直像个疯人院。"写到这里,他笔锋一转说起了"野蛮人",说:"印第安人里头杀人之类的事情寻常是没有的。没有牢狱,没有法官,也没有强制力的警察(部落合猎时除外),他们居然能很和睦地生活,这是什么道理呢?"

是啊,这是什么道理呢? 80多年又过去了,情况好点没有呢?从美国传来的消息说,美国的监狱不够用,美国还搞了个监狱"民营化"的创新,但闹出来的乱子更大。奥巴马对层出不穷的校园枪击案也哽咽难过,但又有什么治根之法呢?

这就引起了一个问题:人类近几千年来是进步了还是退步啦?当

今社会上的种种弊病的症结在哪里？什么样的社会才是理想的社会呢？人类近3000年来一直在追问这个问题。

柏拉图（前427—前347）是古希腊的哲学家，他考察了当时的寡头政体、民主政体、暴君政体和僭主政体，都不满意。他写了一本有名的《理想国》，幻想若由哲学家来当国王，国家就幸福安康了。他也曾游说一些国王采用他的主张，结果都失败了。值得注意的是，聪明的柏拉图好像没有注意到奴隶的存在，他们不过是"会说话的工具"而已。

亚里士多德（前384—前322）是柏拉图的学生，也是一位了不起的哲学家，他坚持认为奴隶主国家是人与人交往最完善的形式，但他希望中庸一些，他说："在每一个国家中，我们都可碰到三个阶级的公民：非常富裕的、极其贫穷的以及介于两者之间的。既然一般都认为中庸适度是最好的（在两个极端之间），所以很明显，小康是最幸福的了。"他一方面反对很富的人垄断权力，另一方面又担心穷人瓜分富人财产。他提出了"分配的公正"和"平均的公正"两个概念，他所讲的"平均的公正"指的是交换的公正，并不是绝对平均主义。很显然，亚里士多德虽被马克思称誉为"思想的英才"，但他也跳不出当时处在奴隶社会的时代大背景。

伊壁鸠鲁（前341—前270）是比亚里士多德稍晚一些的哲学家，也是一位教师。马克思说他是希腊最伟大的启蒙运动者，他的了不起的贡献是第一次提出了"社会契约论"。马克思恩格斯在《德意志思想体系》一书中写道："……在伊壁鸠鲁那里第一次出现这样的观点：国家的基础是人们相互间的契约，即 Contrat Social。"他虽提出了这个概念，但不知道如何才能实现完美的契约。他在一封信中说："啊！如果以后能够推翻（我们的）最残酷的敌人——马其顿人就好了！"

这些哲学家都是非常聪明的人，他们虽都站在奴隶主的立场上，但社会的不公平与暴虐也都会迫使他们思考：人类如何相处？社会如何治理？理想的社会应该是什么样的？当然，他们都找不到答案。

乌托邦在人民的苦难中浮现

历史在苦难中前进。像斯巴达克这样的奴隶起义一次又一次地被镇压下去，而人间的苦难却一年年加重，于是在普通老百姓中间出现人本无能、身背原罪的观念，人生来世上就是来受罪和赎罪的，只能默默忍耐，期待超自然的上天来援救他们。他们很容易相信一些在四处游走的"先知"的预言，基督教等一些宗教就是在这种时代背景下产生的。早期的基督教有平均主义的趋向，但它渐渐地被中上阶层控制和利用，在后来的一些宗教会议上固定下来的信条，已与初衷大相径庭。

宗教并没有让老百姓摆脱苦难，于是人们开始怀疑：如果说神是世界的创造者和管理者，那么，世界上这么多的不公平、痛苦和灾难，是从哪里来的呢？这种疑问一直持续到1000多年后，才在巴黎公社的《国际歌》中唱了出来："……从来就没有什么救世主，也不靠神仙和皇帝……全靠我们自己！……"这是后话，往后还要说到。

人的思想是现实的反映。列宁在《民粹主义的经济内容》一文中说过一句精辟的话："'靠牺牲别人来经营'这一事实的存在，剥削的存在，永远会在被剥削者本身和个别'知识分子'代表中间产生一些与这一制度相反的理想。"

托马斯·莫尔（1478—1535）就是一位这样的知识分子。他出生于英国伦敦的一个法官家庭，当过律师、议员和议长，还当过内阁大臣，荣华富贵本是他的囊中之物。但是，他处在英国资本主义原始积累的"圈地"运动时期。封建地主和新兴资本家把农民从土地上赶走，圈地养羊以发展毛织业。他写到绵羊"是那么驯服，吃一点点就满足，现在变得这样贪婪和凶蛮，甚至要吃人了！"这就是资本主义历史上惊心动魄的"羊吃人"的时代。

莫尔选择背叛他出生的阶级，在1516年出版了使他名列史册的杰作《关于最完美的国家制度和乌托邦新岛的既有益又有趣的金书》，"乌托邦"这个词就此诞生，意思是"乌有之乡"。的确，乌托邦是不存在的，但它诞生的社会背景却是千真万确地存在的。它表达了穷苦老百姓对美好社会的向往，莫尔成了他们的代言人。他设想在乌有之乡大家平等友爱，人人都要劳动，集中组织劳动和分配，所有公务人员都要选举产生……列宁评论说这是"一种空想、虚构和童话"，"幻想是弱者的命运"，因为大家不知道如何才能实现它。莫尔在1535年被判处死刑，但他点燃的火焰一直在人类心中燃烧。

莫尔去世后，欧洲进入了资产阶级革命的启蒙运动时期。成长起来的资产阶级不再甘心臣服在国王和教会的制约之下，他们要自己掌握政权了。托马斯·霍布斯（1588—1679）成为早期的代表人物。他认为人生来是平等的，同时又认为人生来就是个人主义者，"人对人像狼一样"。这在一定程度上反映了无序竞争、无政府状态、战争和人压迫人的资产阶级社会的特点。他认为应根据"契约论"来形成国家（他把国家比作《圣经》中的怪物"利维坦"），从而用专制的制度来保证社会的有序动作，实际上是要严厉地对待任何可能产生的人民革命。

启蒙运动的代表人物都有一个共同的特点，那就是强调"人"，也称作人本主义，他们认为自己是所有人的代表，包括富人和穷人。他们要建立的是一个"理性的王国"。但是，一旦资产阶级掌握了政权，资本家便变本加厉地剥削穷人，曾帮助资本家获得政权的工人阶级发现自己处在比以前还要痛苦的境地。正如恩格斯在《社会主义从空想到科学的发展》一书中所说："现在我们知道，这个理性王国不过是理想化的资产阶级王国，永恒的正义是在资产阶级的司法中获得实现的，平等归结为法律原则面前的资产阶级平等，而被宣布为一种最主要人权的便是资产阶级的所有权。"

正是在这种背景下，在经历了捣毁机器、罢工和起义的工人阶级后，出现了最早一批空想的共产主义者，法国的让·梅叶（1664—1729）便是杰出的代表。他是乡村纺织工人的儿子，当过牧师，但他目睹农民和工人的悲惨状况后，毅然摆脱了神学世界观的羁绊，成了工人阶级的代言人，随之遭到了当局的迫害。他的《遗书》最初只能以手抄本流传于世。他设想将来会有一个平等的社会制度，当人们懂得了公共福利的理想时，这个制度就会到来。他把这未来的社会称作"自由公社的联盟"，大家一起劳动，友爱相待，人人自由和幸福，这也就是共产主义（Communism）这个词的本义。它既不像幽灵一样阴森可怕，也并不神圣，只是体现了一种美好的理想罢了。

早期的空想共产主义者还有摩莱里（生卒年月不详）、加布里埃尔·博诺·马布利（1709—1785）和格拉古·巴贝尔（1760—1797）等人，他们同梅叶一样批判资产阶级私有制，盼望出现一个平等、友爱、共同劳动共同享受的社会。他们不知道如何去实现这个理想，所以是空想，但产生这种空想的社会现实是确确实实存在的，他们是贫困的工人阶级的代言人，像闪电一样划过黑沉沉的夜空，给历史留下了深刻的一章。

从空想走向科学的漫漫长路

历史一刻也没有停下脚步，到了19世纪初，一批空想社会主义者出现了，其中杰出的代表有法国的圣西门、傅立叶和英国的欧文。他们的言行大家比较熟悉，共同的特点是想在资本主义社会里试验一种类似股份制的合作社，每个人都是社员。"社会主义"一词最早在19世纪30年代中叶出现在欧文主义文献中。但他们及其追随者尝试的合作社，或称作"法伦斯泰尔"的组织，都没有成功。

与此同时，空想共产主义者仍在思考和探索。例如法国的埃蒂耶纳·卡贝（1788—1856）在1841年写了《共产主义的信条》一书，他说共产主义是符合创造出彼此平等的人类大自然本身的。他说："自然界是否把土地分给各个个人呢？当然不是。自然界把土地给了全人类，并没有把一个特殊的部分给予任何人。"所以他认为，共产主义是从人的自然权利中产生的，只需理解了这一思想，就能向共产主义社会过渡。他还认为共产主义是"民主的最终目的"。

马克思、恩格斯高度评价这些先驱者的伟大贡献，并把它们看作是自己理论的重要来源之一，但同时又指出了其空想的性质。马克思在《评一个普鲁士人的〈普鲁士国王和社会改革〉一文》中说："但是，空想社会主义不能指明真正的出路。它既不会阐明资本主义制度下雇佣奴隶制的本质，又不会发现资本主义的发展规律，也不会找到能够成为新社会的创造者的社会力量。"正是马克思恩格斯把空想社会主义引导向了科学的阶段，找到了推动历史前进的社会力量，并指明了实现共产主义的正确方向。当然，鉴于他们的时代局限性，他们并没有具体指明究竟采用何种方式去实现理想。

中国原来没有"共产主义"这个词，它是近代从日文转译过来的。虽然没有这个词，但是可以指出三点：第一，中国人自古以来也同外国人一样憧憬、向往一个理想的社会。第二，中国人自古设想的理想社会同"共产主义"这个概念大同小异。第三，中国人并不把这种理想看作是虚无缥缈的幻想，而是认为同自己的日常生活和言行密切相关，时时以"修身、齐家、治国、平天下"这个信条要求自己，就是在向这个理想靠拢，不仅个人可以安身立命，怡然自得，而且国家也可以政通人和，实现天下大同。

中国人的理想是大道为公的大同世界

夏、商、周三代的历史很长，其中的盛衰得失且不去说它。到了春秋末年和战国时期，礼崩乐坏，战祸频仍，民不聊生。越是有苦难，百姓就越盼望有一个好社会，知识分子便会提出各种各样的主张，诸子蜂起，百家争鸣，讨论的核心问题就是如何才能把国家治理好，达到理想的境界，让老百姓有好日子过。孔子的"老安少怀"、墨子的"兼爱交利"、老子的"小国寡民"、庄子的"至德之世"、许行的"君臣并耕"以及孟子的"井田制度"，都是希望把苦难的现实引向美好的境地。

最全面、最具体、最生动地表达理想的要数《礼记》的《礼运篇》。据考证，有人依托孔子的口吻大约在战国末期或秦汉之际写成此篇。这段话很有名，是这样的：孔子曰："大道之行也，天下为公，选贤与能，讲信修睦。故人不独亲其亲，不独子其子，使老有所终，壮有所用，幼有所长，矜、寡、孤、独、废疾者皆有所养，男有分，女有归。货恶其弃于地也，不必藏于己，力恶其不出于身也，不必为己。是故谋闭而不兴，盗窃乱贼而不作，故外户而不闭。是谓大同。"

这是一幅多么美好的图景啊！在那里，天下为公，不谋私产，由贤能的人来领导，大家讲信用，和睦相处。不但关心自家的老小，也关心别人家的老小，老人有善终，壮年能发挥所长，孩子健康成长，失偶孤独者以及残疾人都能得到照顾。男人做好分内事，女人都有好夫婿。东西很多，不必偷偷藏起来私用；干活争着上，并不是只为自己才出力。若是这样，阴谋诡计都用不着了，偷盗和为非作歹都没有了，外面的大门也用不着紧闭了。这就是大同啊！

实现共产主义有两个基本条件：一是社会产品极大丰富，二是公民道德水平极大提高。你看，上面的那幅图景里，这两条都有了，还加上了选举贤能的人来领导，管理和治安都没有问题，这同共产主义理想不是如出一辙吗？

问题是：如何才能实现呢？孔子奔走各国，劝诸侯行仁政，很是失望。到了孟子的时候，他想出了一个办法，叫"井田制"。《孟子·滕文公上》里是这么设想的："方里而井，井九百亩，其中为公田。八家皆私百亩，同养公田。公事毕，然后敢治私事……"意思是一平方里挖一口井，把九百亩地划成一个井字，中间那块是公田，周围八家各一百亩，先把公田的活干完了，各家再种私田，先公后私。这个主张不但孟子有，后世也有不少人力主推行，特别是在地主豪强大量并吞土地的时候，但都失败了。在当时的社会条件下，失败是必然的，但他们所提出的美好理想，却一直影响着世世代代的中国人。

"大道为公"的思想是中国传统文化的精髓。《吕氏春秋·贵公篇》说："昔先圣王之治天下也，必先公，公则天下平矣。平得于公。尝试观于上志（指古代的记载），有得天下者众矣，其得之以公，其失之必以偏。"大意是：要讲公平必先公，那些得天下的，都讲公，失去天下的，就是因为不公。

接着该篇还有一句警句："天下非一人之天下也，天下之天下也。"这句话要比西方启蒙运动的思想家们早讲了两千年。

从农民起义到旧民主主义革命

不平则鸣，穷极必反，这是放之四海而皆准的真理。宋太宗淳化四年（993），农民王小波对大家说"吾疾贫富不均，今为汝辈均之"，领导穷人攻城略地，开仓济民。失败之后，"人尚怀之"。农民起义的特点是绝对平均主义，一时有很大的号召力。但是，如若造反成功，却是用一个新的封建王朝代替旧王朝，并不能从根本上解决农民问题。

洪秀全领导的太平天国比历史上的农民起义要走得更远一些，他借宗教的外衣，宣扬"普天之下皆兄弟，上帝视之皆赤子"，在《原道醒世训》中全文引用了上述《礼记·礼运篇》里的话，并颁布和实行"天朝田亩制度"，实际上是依照推行井田制，主张"有田同耕，有饭同食，有衣同穿，有钱同使，无处不均匀，无人不饱暖"。但是，洪秀全本人及其领导集团的腐败变质，清楚反映出了农民阶级的局限性，他们的空想平均主义不可能领导农民实现大同理想。

到了清朝末年，中国知识分子忧心如焚的一个根本问题是如何避免亡国灭种，康有为的《礼运注》便是为变法寻找依据。他说："大道者何？人理全公，太平世大同之道也。"这里他发挥了《春秋》"三世说"，即社会要经历乱世、升平世和太平世三世，即先从乱世进入升平世，达到小康水平，最后到达太平世，实现天下为公的大同世界。这种说法当然会在当时的知识分子当中产生很大影响。但他们想依靠皇帝来达此目的，当然失败了。所以毛泽东在《论人民民主专政》一文中评论说："康有为写了《大同书》，他没有也不可能找到一条达到大同的路。"

孙中山是旧民主主义革命的伟大先行者，他在《同盟会宣言》中说国人都是兄弟姐妹，"一切平等，无有贵贱之差，贫富之别；休戚与共，患难相救，同心同德，以卫国保种自任"。

他是一位有眼光的革命家，并不盲目崇拜西方。他在《〈民报〉发刊词》中写道："近时志士，舌弊唇枯，惟企强中国以比欧美。然而欧美强矣，其民实困，观大同盟罢工与无政府党、社会党之日炽，社会革命其将不远。"于是他想到，正要革命的中国怎么办？他希望"毕其功于一役"，设法避免欧美的老路，"故一面图国家富强，一面当防资本家垄断之弊。此防弊之政策，无非社会主义……"（《民生主义与社会革命》）。他甚至说："故民生主义，就是社会主义，又名共产主义，即是大同主义。"（《三民主义（民生主义）》）"夫苏维埃主义者，即孔子之所谓大同也。"（《致犬养毅书》）孙中山的这些思想，一方面反映了民族资产阶级中一些人的想法，一方面也反映了广大被压迫人民的向往。但是很多问题他虽然想到了，却不知怎么做、依靠谁去做。他逝世后中国社会的激烈动荡和剧变正好说明了这一点。

从孔夫子到孙中山，世世代代的中国人，尤其是他们中的杰出知识分子，不断地朝着理想的方向艰苦努力，甚至流血牺牲，具有虽千难万险，吾往矣的英雄气概！这种大公无私的精神，正是我们现在应该继承和发扬的理想和信念。中华民族伟大复兴的成败，就在于我们能不能永远保持这样的理想和信念。

理想、现实和信心

孔夫子和孙中山做不到的事情，中国共产党正在领导中国人民一步步去实现。有些事情我们已经做到了，比如，亡国灭种的危险早已排除，中国人民站起来了，可以自豪地自立于世界民族之林。有些事情我们还要继续去做，比如，要使中国更加繁荣富强，社会和谐，百姓生活实现小康并进一步达到发达国家的水平，与此同时还要为世界和平与发展做出更大的贡献，以人类命运共同体的理念向大同世界前进。这是一个很长很长的历史进程，要一代代人同世界人民一道坚持不懈地去一步步实现，绝不可能一蹴而就，一劳永逸。

中国共产党近百年的历史证明，我们正走在一条正确的道路上，向一个正确的方向前进，目标清楚，充满信心。要说主流，这才是人类前进的主流。在这近百年里，我们克服了许许多多当时看来似乎难以克服的困难，建立了举世公认的丰功伟绩。同时也清醒地认识到，我们犯过很多错误，甚至造成过灾难。但中国共产党的可贵之处，就是能顺应民意，自觉地、及时地改正错误，顽强地找到正确的方针和政策，领导人民继续大步向前。

究其原因，犯错误大致有三种情况：第一种是我们不懂。我们正在从事前人从来没有做过的伟大事业，没有经验，没有现成的办法可资参考，所以只能摸着石头过河，难免滑倒，比如如何发展经济，我们就走过弯路。

第二种情况是操之过急。我们很想向理想飞跃，但超越了时代就会犯大错误。为了快一点儿，结果吃了大亏。社会主义是共产主义的准备阶段,而刚从半殖民地半封建社会中走出来的中国,还处在社会主义的初级阶段,我们要在这样的现实中发展经济,管理好国家,提高大家的生活水平和道德水平,必然要在新与旧的矛盾、斗争中找到平衡,掌握好度,找到适应当前发展水平的稳妥政策,找到顾及各种人群利益的共同点,否则,就会失之偏颇。这需要极大的智慧和领导艺术,同时也要民主地对待各种不同意见。

第三种是由于有些党员,特别是领导干部忘记了自己的理想和信念,脱离群众,腐化堕落。历史证明,你脱离群众,群众就一定会抛弃你。得民心者得天下,这是万古不变的真理。当前老百姓为我们坚决反腐叫好,我们不能让百姓失望,要常抓不懈,一直把它当作关系到共产党生死存亡的大事抓下去。

苏联的垮台,殷鉴不远。腐化堕落都是从丧失理想和信念开始的。苏联解体时,军力可以同美国抗衡,经济也并不是糟到活不下去。主要是以戈尔巴乔夫为首的一批深受西方影响的知识分子官员,把一切困难和问题都归咎于苏联的制度不好,一句话就是认为理想和信念错了,路走错了,所以一切都错了。他们要投向西方的"主流",以为那里才是天堂。俄罗斯20多年来的厄运,真心想当西方"朋友"而反受侮辱和欺诈的遭遇,难道还不能使人清醒吗?

有志于当一名共产党员的人,都要坚定自己的理想信念。人是要有点精神的。没有理想的人生是灰暗的,不切实际的理想也是虚幻的。我们要在以毛泽东为代表的老一辈无产阶级革命家开创的事业中发挥自己的聪明才智,这才不辜负我们的时代,不辜负我们的历史使命。现在是可以把个人的积极性与集体的利益、把个人抱负和伟大的事业有机结合起来的好时代，一切自强不息的中华儿女正可以大显身手，继往开来，开创新的辉煌！

用人类命运共同体理念引领世界走向美好未来

共产党人没有自己的私利，而以全人类的幸福为己任，所以在当今历史条件下提出"人类命运共同体"的目标，主张和平共处、合作共赢，就是给利润第一的世界吹来一股新鲜空气，以中国的榜样影响世界从纷争中逐步走出来，共同建设美好未来。

反法西斯战争胜利已75年了，世界发生了翻天覆地的变化，现在又处在一个十字路口：恶斗还是趋和？回顾与反思这75年的演变，对世界向何处去会有很多启发。一切认识都得从事实出发，从实际效果出发，这才可以做到实事求是，形成新的思路，继往开来，造福人类。面对纷纭复杂的新形势，时代正在呼唤新的理念。

联合国的建立是人类短暂的清醒

两次世界大战的惨烈使人类痛切地感到，不能再有这样的战争了。《联合国宪章》开宗明义第一句便是"欲免后世再遭今代人类两度身历惨不堪言之战祸",所以人类必须和平相处。正是这种普遍的民意,促使美英和苏联暂时搁置意识形态之争和利益之争,一起坐下来商量如何避免再发生这样的浩劫。《联合国宪章》体现了人类四海一家的意识和共同的呼声。虽然各国仍以自己的利益为重,但在当时的强烈民意下,暂时屈居次要位置。联合国是几千万生灵涂炭后的产物,那时的各国政治家有了短暂的清醒,可惜,这种清醒很快就过去了。

丘吉尔发表"铁幕演说"宣布冷战开始

1946年3月5日,丘吉尔在美国的富尔顿发表了著名的"铁幕演说",意味着延续40多年的冷战开始了。丘吉尔一贯反共,即使在同苏联一起抗击法西斯的岁月里,他对此也毫不隐讳。《联合国宪章》墨迹未干,他就迫不及待地发表反共演说。在他看来当时的世界就剩下了一个主题,那就是资本主义与社会主义的殊死搏斗。两大阵营虽然没有发生"热战",但各国的政策均从这一主轴出发,军备竞赛大大消耗了国民财富,也由此带来了各国的问题。

西方一贯主张自由和民主,为什么苏联要走社会主义道路,他们就恨之入骨,非欲置之死地而后快呢?这有点像鲁迅写的,一群猴子都爬行时,大家相安无事,而一旦有只猴子要站起来走路,别的猴子便群起而咬之。苏联要走社会主义道路,并非几个人的想入非非,那是人类很久以来的一种愿望,企盼有一个平等友爱的太平世界。当世界进入资本主义阶段,资本的冷酷激发了工人阶级的反抗。苏联是第一个工人阶级掌权的社会主义国家,其建立的艰苦可想而知。这是人类的一次有益的尝试,为什么西方不能抱着他们自称信仰的"我活,也让别人活"的理念,对这种尝试抱另一种宽容的态度呢?历史已证明,他们做不到。他们不可能抛开自己的阶级偏见,站在全人类利益的立场上思考问题。他们认为触动私有制是一场生死存亡的斗争,是动了他们的命根子,这种思想一直在指导着冷战的进行。

苏联自己走向绝路教训深刻

苏联一度欣欣向荣,在世界上很有号召力。20世纪五六十年代新独立的国家几乎都向往苏联,向往社会主义制度。当西方陷入1929年经济大萧条时,苏联却在中央集权和计划经济的体制下高歌猛进,1956年发射了人类第一颗人造卫星,引起西方的恐慌。但是,这种繁荣掩盖了内在的弱点和弊病,这表现在内外两个方面。

在内部,领导集团的逐步蜕变、腐败使他们脱离了广大群众。民主制度的不健全造成民心的丧失和冷漠。计划经济压抑了个人的积极性,到了70年代经济便停滞不前。苏联渐渐变成了一个理念模糊、没有活力、没有创新、领导集团不断腐朽下去的国家。

在外部,在"世界革命""赤化全球"思想的指导下,苏联实际上同西方进行了争夺霸权的斗争。苏联一时似乎在亚非拉得手,实际上给自己背上了沉重的包袱,而1979年入侵阿富汗,则是苏联的滑铁卢,从此一蹶不振,在西方军备竞赛和"和平演变"的攻势下,节节败退。

苏联的教训告诉我们，经济搞不好便没有社会主义，民主搞不好也没有社会主义，领导集团的腐败一定会搞垮社会主义。一个国家不能只靠理念生活，先进的理念如果不能化为有效的行动，便吸引不了群众。这要靠执政党的坚强和英明，靠同人民的鱼水情。

70多年来西方的日子也很不好过

苏联解体后西方兴高采烈，说什么"历史终结"了，今后便是资本主义制度的一统天下了。我国不少人也认为，跟着苏联没好日子过，只要跟着西方一定会有好日子过。

其实，西方经济学家认为，70多年来，西方经济的黄金时期只有1945年到20世纪60年代初，其中也有不少危机。那时他们有技术优势、廉价的原料和广阔的市场，所以有丰厚的利润。到了60年代，"滞胀"发生了，即生产停滞而又通货膨胀。于是，西方放弃了罗斯福"新政"的凯恩斯政策，转向了"市场原教旨主义"的"新自由主义"政策。似乎一时推动了经济发展，结果却带来贫富悬殊，一小撮人暴富，中产阶级收入停滞，而下层人民生活水平下降。1971年取消金本位之后，美国步入了金融资本主义阶段，2008年的金融危机使美国和西方发达国家都陷入了困境，至今还无大的起色。资本主义是靠资本逐利生存的，现在靠实业赚不到丰厚的利润，靠金融投机后患无穷，所以面临生存危机。

在这70多年里，美国打了朝鲜战争、越南战争以及阿富汗战争和伊拉克战争，等等，手伸得很长，元气大伤，至今没有恢复。自古以来的帝国有一个规律，只要霸占的地盘越大，便越接近衰亡。美国声称要当"善良的帝国"，善良已无人信，帝国则难以维持，这才由奥巴马出来说，"不做傻事"，"慎用榔头"。美国现在正处于调整期，但美国要搞些改革相当困难，看看医保改革便知。另外，种族问题、枪支问题、华尔街的问题，都很难改。金融危机后，美国想靠立法来约束华尔街，立法就很困难，执法更不易，前途并不乐观。这样的现实也迫使西方不少人在思考哪儿错了，应该怎么办。《21世纪资本论》受到广泛关注，便是一种反映。基辛格的新著《世界秩序》实际上承认，"有着差异的文化历史、对世界秩序有着不同看法的世界各个地区"，都有自己的追求，美国已很难主宰世界了，他对现实也越来越看不懂，更不要说开出药方了。

西方价值观和制度面临危机

苏联搞"世界革命"，把自己搞垮了。美国和西方热衷普及"普世价值"，用"西方民主"改造世界，不但处处碰壁，惹出大乱子，而且现在连国内的民主也成了问题。西方民主的实质是用程序民主掩盖事实上的不民主。如果广大选民最终对国家的政策没有发言权，政权紧紧掌握在一小撮富人手里，那么人民当家做主只是一句空话。另外，选民往往关心眼前的利益，现在的选举制度不利于政府制定和执行符合长远利益和全局利益的政策。西方现在陷入"福利社会"的陷阱，积重难返。希腊政府的破产就是一个典型的例子。

西方在反对封建主义的斗争中提出的"自由、平等、博爱"，有其进步的一面，但在资本主义社会中，它们也暴露了虚伪的一面。在对外扩张中，他们把这些作为口号，为自己的掠夺和扩张披上正义的外衣，并利用它们作为武器来攻击社会主义和其他他们讨厌的国家。但经过这几十年的实践，人们对它们的本质已有了较深的了解，骗人已不大容易了。

西方的价值观和社会制度是历史的产物，有其存在的合理性，也有其历史局限性，西方学者已看到它们正在"老化""蜕变""衰落"，但替而代之的东西并不清楚，学者们只是在自负的观念中转圈子，跳不出来，所以感到迷茫，失去了方向。

民族主义似乎比其他的主义更显强势

人们一直认为，贯穿这70多年的主线是资本主义和社会主义的斗争，这在冷战年代看似事实，但在30多年来的实践中，人们越来越清楚地看到，主导一个国家内外政策的主要因素是民族主义。相同主义的国家之间也会有矛盾、冲突甚至战争，各国都以维护本国、本民族的利益为首要目标。

对于二战后新独立的国家来说，虽然会考虑究竟采用社会主义还是资本主义的制度和政策，但目的仍然是维护本民族的利益。它们往往在两大阵营或各个大国之间周旋，以获取最大利益。朝鲜战争和越南战争，本质上是争取民族统一的战争，只是在冷战的大环境下，各方都会用意识形态来争取更多的外援。在战后采取什么政策，基本上不以意识形态画线，而是以巩固当权者统治为第一考量。

伊斯兰国家独立后，民族主义与宗教紧密结合，更具自己的特色，很难用社会主义或资本主义去衡量它们。一些国家在世俗政府腐败和无能的情况下，现在掀起了复古的浪潮，影响很大，特别是恐怖主义猖獗，成为国际社会当今的一大难题。

各国以本国利益为重无可厚非，但若不能互相协调和妥协，则斗无宁日。人类本是同种同源，为什么不能好好商量呢？

人民对当今的社会风气普遍不满

资本主义把人间的一切都变成了商品，人与人之间似乎只有金钱关系，传统的人之常情和高尚的情操，似乎已一文不值。暴富者骄奢淫逸，穷困者遭人白眼。

怀旧和复古并不是伊斯兰世界独有的现象，现在世界各地人们普遍怀念传统道德的温情脉脉和社会秩序的井井有条。西方早有人喊出"上帝死了"的口号，上帝若死了，十诫还要不要？如果人人相信"我思故我在"，强调一切以自我为中心，那么，谁来维系一个个自我张扬、唯我独尊的个人？民主是否意味着各持己见，各不相让？希腊政府破产了，但谁也不愿勒紧一点儿裤带，为国家做点儿牺牲，这个社会如何维持下去？

西方的个人主义在世界上盛行，带来了一系列的问题，如果有人提出集体利益和国家利益，便会遭到嘲笑和谩骂。社会的凝聚力在哪里？

家庭现在已难以为继，在金钱至上、个人竞争和性自由的风潮下，这个社会的稳定细胞已发生癌变。家庭的破裂带来一系列社会问题，现在回过头来重新品味"修身齐家治国平天下"是多么的切中要害。

70多年来，物质大大地丰富了，但人们的精神却日见迷茫与萎靡，鼠目寸光，一切向钱看，所见的是一点点可怜的物质享受和怪诞的刺激，精神的愉悦已成了稀罕之物。一些精神崩溃的人往往选择报复社会，带来严重的社会问题。"人心不古"不幸成了今天的大问题。

在西方的教堂里，也还有人去跪着向神父忏悔，但这样的人也越来越少了；在其他地方，有谁会耐心地听人倾诉并予以开导？一个人想不开的时候，向谁开启心扉？如果寺庙也见钱眼开，哪儿才是一方净土？当今世界缺的主要不是物质，而是健全、善良的精神。现在需要一股强大的力量来引导人民向善向上，彼此友爱。

用人类命运共同体理念引导人类走向美好未来

70多年来，西方已把社会主义，特别是共产主义污名化、妖魔化，把它同暴力、专制和无法无天联系起来，以此吓唬普通老百姓。

实际上，从西方的理想国、乌托邦和空想社会主义试验，到中国的大同思想、桃花源和井田制度尝试，都体现了人类自古以来对美好社会的不倦向往。共产主义与它们不同的是，它不仅仅是一种愿望，而且是要真正为之奋斗的。马克思和恩格斯提出了这个前景，但并没有具体告诉人们如何去实现，他们设想过暴力，到晚年也设想过其他可能。

列宁代表了主张暴力的一派，在沙俄取得了成功。伯恩斯坦主张议会斗争，他的继承人在西方发达国家走了一条民主社会主义道路，在不同程度上维护了工人阶级的利益。现在回过头来看，苏联解体了，但俄罗斯并没有完全放弃这种前景；西欧的民主社会主义取得了不小的成果，但到今天也困难重重，很多左派政党处境不妙。将来如何发展，现在尚难断定，但有一点可以肯定，人民的愿望是不可阻挡的，各国将会以不同方式走向同一个目标。

现实是：社会主义思潮已深入人心，资本主义要赶走这个幽灵已不可能，但是，社会主义制度却严重滞后，各国都在探索，却还不成熟。中国70多年来的探索已成为人类的奇迹，中国模式具有一定的影响力，但探索还处在初始阶段。其中，社会主义国家如何发扬民主和摆正效率与公平的关系是两大课题。

民主可以概括为三部曲：1.民意的畅通；2.民意如何集中为有效的政策；3.如何把政策有力地贯彻下去，这就需要不断保持一个英明、廉洁而有权威的、不脱离群众的领导核心。如果做到这三点，人民当家作主便有了保证。在互联网时代，第一条不太难，难的是第二、第三条。至于摆正效率与公平的关系，关键是在充分调动个人积极性的同时，处理好分配关系，这既是政府的责任，也有赖于民众的理性。

现在各国之间的竞争，实际上是一种制度竞争，邓小平在改革开放之初的1980年8月18日发表讲话说："我们进行社会主义现代化建设，是要在经济上赶上发达的资本主义国家，在政治上创造比资本主义国家的民主更高更切实的民主,并且造就比这些国家更多更优秀的人才。"邓小平还说,"每个人都应该有他一定的物质利益,但是这决不是提倡各人抛开国家、集体和别人,专门为自己的物质利益奋斗,决不是提倡各人都向'钱'看"。这两段话极其重要,是我们的指导思想。

改革开放40多年过去了,我们现在更有信心在思想和制度方面为人类提供一个远比西方更好的范例。判断一个国家高下的标准不在空洞的理念而在良政,在于老百姓的感受。

共产党人没有自己的私利,而以全人类的幸福为己任,所以在当今历史条件下提出"人类命运共同体"的目标,主张和平共处、合作共赢,就是给利润第一的世界吹来一股新鲜空气,以中国的榜样影响世界从纷争中逐步走出来,共同建设美好未来。

其实这个理念就是《联合国宪章》所说的"力行容恕,彼此以善邻之道,和睦相处"。现在人类第一次真切地感受到了"共同毁灭"的威胁,如果还不能携起手来共同应对气候变化、核灾难、基因恐怖、网络战等,人类真的可能躲不过自我毁灭的命运了,对此越早觉悟越好。当然,现在世界上矛盾和斗争太多,不可能都认同这个理念,要一步一步来。中国带了头,身体力行,日久见人心。非洲的一个中国项目工地上,一位非洲工人对西方记者说:"我在这里第一次感到有人把我真正当人。"这告诉我们,我们做任何事,无论大小,都离不开理念的指导。"人类命运共同体"就是我们行动的指南,也是我们能对世界做出的最大贡献,值得大家为之奋斗。

中国道路
ZHONGGUODAOLU

不畏浮云遮望眼
西方民主透析

　　事实说明"人类命运共同体"理念顺应民心，言简意赅，有很大的感召力和说服力，要比"自由、平等、博爱"更具体，更包容，更实用，更好推广。它不是一句空洞的口号，而是可以结合政治、经济、文化、教育、慈善、医疗、体育等具体项目去达到共同奋斗、普惠共荣的目的。它既站在道德的制高点上，又渗透进平民百姓的方方面面，对你死我活、赢者通吃的假丑恶的东西是一种义正词严的排斥。

回答"西方之问"的"中国密码"

面对中国的巨大成就,一直怀疑中国的西方问:中国是怎么挺过这100多年的?中国成功的密码是什么?其实道理很简单,那就是有了中国共产党的领导。

笔者从事国际时事报道近半个世纪,深感中国人对西方的了解要多于西方对中国的了解。西方的偏见常常让他们罔顾事实。

几十年来西方一直在妖魔化中国,认定中国不但贫穷落后,而且专制残暴。他们总是站在道德的制高点上,用怜悯的眼光看着中国人,一心想着把这一群"迷途的羔羊""融入世界主流"。可是,人算不如天算,中国越来越富强,他们越来越看不懂。

心情焦躁就容易胡言乱语。20世纪90年代西方的"中国崩溃论"甚嚣尘上,有点滑稽的是美籍华人章家敦2001年7月出版了《中国即将崩溃》一书,断言"中国现行的政治和经济制度最多只能维持5年"。一个又一个5年过去了,中国非但没有崩溃,反而越来越兴旺，经济总量已名列世界第二。有人就挖苦章先生："怎么样，又过5年了，要不再看5年？"

到21世纪初，一些有头脑的西方人发出了第一个西方之问："中国人是怎么挺过这100多年的？"这个问题问得好，"挺"这个字也用得好，很有历史感，积贫积弱的中国在凄风苦雨中挺直腰杆，现在真的挺立起来了，奥秘在哪里？

美国《福布斯》双周刊网站2017年9月19日发表了一篇文章，题为"100年来改变亚洲的5个历史性时刻"。文中讲的5件事是：1919年巴黎和会、1945年日本投降、1947年印度次大陆分治、1991年苏联解体以及中国和印度分别于1978年和1991年改革开放。我觉得这样的论述并不完善，这里姑且不论。想说的是，由此想到这100多年里中国人确实是惊醒了，奋起了。

对1919年的巴黎和会，天真的中国精英一度寄希望于"自由、平等、博爱"的西方，特别是美国，会站出来主持公道，让站在战胜国一边的中国收回被德国强占的山东特权，结果却是纵容日本接收德国的特权，这才触发了五四运动。

"中国人是怎么挺过这100多年的？"看看五四运动就知道了。受几千年中华文化熏陶的中国人，每逢国难，必有志士仁人、热血青年挺身而出，纵使流血牺牲，在所不惜。"天下兴亡，匹夫有责"，是融入血脉的中国道理，千古以来，绵延不绝，危急时刻，便喷涌而出。中华民族树大根深，滋养这棵大树的是中华文化。挺过灾难，靠的就是这种精神。

近些年来，随着中国综合国力的显著增强，又出现了第二个西方之问："中国成功的密码是什么？"这个问题也问得好。上面《福布斯》的文章提到了1945年日本投降，凶狠的日寇为什么会投降呢？笔者曾写过一篇文章，讲到毛泽东推荐梁漱溟读《反杜林论》。文内提到1938年1月，梁漱溟先生目睹日寇进逼，国民党政府御敌无策，心情十分灰暗，便到延安来见毛泽东，没想到看见毛泽东信心十足，并把《论持久战》的内容告诉了他。当时宝塔山下响起的歌声是："黄河之滨，集合着一群，中华民族优秀的子孙……"抗日战争的历史证明，中华民族是优秀的，但若没有一个坚强的领导核心，中国人还是一盘散沙，善良的百姓也还是一群羔羊，无力抵抗敌人的铁蹄。人民选择了中国共产党，历史选择了中国共产党。要理解中国，要读懂中国近代史，要想找到中国崛起的密码，首先要认识这一点。

比利时经济学家马克·旺德皮教授在2013年8月4日的西班牙《起义报》上撰文说，中国成功应对挑战的有利条件是因为有了中国共产党。他写道："中国目前结构的根源来自于抗日战争和解放战争，以及曾经经历过的可怕的贫困。作为一个领导机构，中国共产党是所有这些斗争中的主角，它承担着带领国家走出不发达、确保主权、为人类社会而斗争以及建设社会主义的任务。"看来马克教授是读懂了中国近代史，认识到了这个密码。中共十九大的成功召开，为西方理解这个密码提供了更好的条件。

英国《金融时报》网站2014年10月22日刊登马丁·雅克教授的文章，他告诫西方说："在西方眼中，唯一的真正改革是让国家朝着西方模式发展。实际上，中国政府自1978年以来一直在经历大规模和持久的改革，这场改革远比美国或英国发生的改革伟大。"

回顾100多年，中国不仅挺过来了，而且站起来、富起来、强起来了。历史证明，只要大家在中国共产党的领导下团结一心，而中共又在不断的奋斗中保持自己的先进性、纯洁性，不忘初心，不懈奋斗，那么"两个一百年"的宏伟目标就一定会实现。

一位美国教授看懂了中国人的心

遇到了问题、矛盾、困难或灾祸,是去祈求上帝呢,还是靠自己?中国人从来就有自己的定力和自信。

最近,美国哈佛大学神学院教授大卫·查普曼对比中外神话的一场演讲广为传播,引起很大反响。我看了也颇受启发,觉得还有一些话可以讲讲。

他说:"我们(西方)的神话里,火是上帝赐予的;希腊神话里,火是普罗米修斯偷来的;而在中国的神话里,火是他们钻木取火坚忍不拔摩擦出来的!这就是区别,他们用这样的故事告诉后代,要与自然做斗争!"

他还对比了挪亚方舟与大禹治水,太阳神与夸父追日和后羿射日……这些说明了什么呢?他说:"抛开故事情节,找到神话里表现的文化核心,你就会发现,只有两个字:抗争!假如有一座山挡在你的门前,你是选择搬家还是挖隧道?显而易见,搬家是最好的选择。然而在中国的故事里，他们却把山搬开了（"愚公移山"）！可惜，这样的精神内核，我们的神话里却不存在，我们的神话是听从神的安排。"

这让我想起了梁漱溟先生说过的一个观点，那就是中华民族是个先启的民族，他们在遇到矛盾、困难和灾祸时，在古代虽然也会占卜问天，但主要还是要靠自己。这就是所谓"子不语怪力乱神"，有人注曰："圣人语常而不语怪，语德而不语力，语治而不语乱，语人而不语神。"相信鬼神是没有用的，主要还是要靠自己。

西方的《圣经》"出埃及记"里讲，受苦受难的犹太人从埃及逃出来，在西奈半岛流浪，后来怎么跳出苦海的呢？是因为遇到了上帝，接受了上帝的"十诫"，被封为上帝的"选民"，于是回到了"流淌牛奶和蜂蜜"的故土。他们今后的世世代代都是践诺与上帝的约定。

中国古代人也是崇敬天的，但这个天不是具体的掌管天下的神，而是自然规律和民心。周武王伐殷，大军出发，师孟津而作《泰誓》，说"天视自我民视，天听自我民听"，"民之所欲，天必从之！"这就是中国人心目中的天，而且后来总结为"大道之行也，天下为公"，这个天与西方的神是两码事。

读西方的宗教史，知道一神教的兴起大致是这么个过程：人民极端困苦，盼望天神拯救，忽然来了一位先知，自称是上帝派来的，给百姓讲了脱苦之道和行为准则，百姓畏服，信者日众，于是宗教就诞生了。耶稣就是这样的一位先知。

中国没有出这样的先知（总体而言），出了一位孔子。孔子生活的年代"礼崩乐坏"，战争连绵，百姓也十分困苦，但孔子没有装扮成神来讲神话，而是当了一名教师来讲人话，告诉人们关于仁义礼乐的道理。他从没有装神弄鬼称自己是上帝派来的，而是经过学习和实践，过了五十岁才敢说"知天命"。

法国启蒙运动的代表人物伏尔泰曾写诗赞美孔子："（他）只用健全的理性在解说，不炫惑世界而是开启心灵，他的讲话只是一个圣人，从不是先知，然而人们相信他，就像他自己的国土一样。"伏尔泰的启蒙，是要把西方人从对教会的迷信中解放出来，当他看到"修身齐家治国平天下"这样的理念时，十分兴奋，认为可以作为欧洲的榜样。

网上有人说，查普曼教授的见解新颖独到，讲了中国人从没有想到的话。这种说法太片面了，劝他们去读一读毛泽东在中共第七次全国代表大会上的闭幕词《愚公移山》。那个时候日本帝国主义还没有投降，国民党还在暗中策划消灭共产党，三座大山还没有被搬走，但毛泽东号召大家"下定决心，不怕牺牲，排除万难，去争取胜利"。如果那时候有什么"大数据"，中共在力量对比上绝对处于劣势，在许多人看来必败无疑，但中共领导人民胜利了，不靠上帝，不靠外力，靠的是以民为本的正确领导。奇迹就是这么创造出来的，令许多"智叟"蒙羞。

新中国成立后，毛泽东还多次讲过愚公移山。例如1957年10月，他在读到山东厉家寨治理穷山恶水时，又明确提出："愚公移山，改造中国。"林县的"红旗渠"是另一个典型,现在那里已成了旅游点,千万不要忘了,那时只有炸药和钢钎的农民是如何创造人间奇迹的。他们象征着中国人"力拔山兮气盖世"的真正的钢铁决心。

感谢查普曼教授的精彩演讲,他看懂了中国人的心。今天的中国人还面临很多大山,云遮雾罩,但今天的愚公,已有了互联网和人工智能,制造了高铁、大飞机和运算速度世界第一的计算机,一定还会创造出更多的人间奇迹来。

西方国家如何看待"醒来"的中国

我们坚持走自己的中国特色社会主义道路,虽然"中国崩溃论"不绝于耳,但我们"醒来"了,"赢了",今后还要坚定不移地走下去。

一部世界文明史,也就是一部世界各地的交往史。古代交通不发达,远隔千山万水、汪洋大海,很难沟通,但商队的逐利性十分厉害,无孔不入,无远勿届。古代西方对中国的了解,源于对丝、茶、瓷器等的渴求。

中国乃一方宝地,西有昆仑,东有大海,适合农耕文化。久而久之,便有一种错觉,觉得自己居天地之中,治于四夷。故《诗经》记"惠此中国,以绥四方"。《尚书》记"冕服采装曰华,大国曰夏"。华夏之称由此而来。

外部世界最早称中国为秦(Chin)或秦奈(Sinae)。还有一个称呼叫赛里斯(Seres),意思是"与丝有关的"。公元 1 世纪古罗马地理学家与历史学家梅拉与普林尼最早指出赛里斯人居亚洲最东部,赞扬他们"以诚实著称"。有趣的是他们这样记载丝："赛里斯人以树木出产羊毛，闻名遐迩。他们将羊毛编织成线，将线编织成布匹。"这显然是以讹传讹。最早的商人得到丝绸，不知何物织成，只能用他们熟悉的羊毛来加以想象。这种丝绸之精美令他们梦寐以求，丝绸之路绵延不绝。

中国在西方的印象一直很好，是想象中的天堂。就是到西方资本主义萌芽时期，中国也是他们要学习的榜样。法国启蒙思想家伏尔泰（1694—1778）就盛赞过中国，说："中国是世界上开化最早的国家。""我们诽谤中国，唯一的原因，便是中国的哲学与我们的不同。"他特别赞扬中国的科举制度，寒士也可登朝堂，官员层层选拔，比西方的贵胄世袭制度要好。

也许这就是历史的辩证法：当一个实体发展得很好，大家自满了，骄傲了，做事任性了，也就要衰落了。中国人是被洋枪洋炮洋货惊醒的，偌大一个中华帝国，顿时面临亡国灭种的危险，回顾以往的一百多年，哪个中国人不感慨万千？

2017年10月党的十九大召开，世界舆论认为，这不仅仅是中国的十九大，也是对世界有深远影响的十九大。曾经长期挨打、挨饿、挨骂的中国人，忽然上了美欧主流杂志的封面。11月，美国《时代》周刊破天荒地在封面上用中英文印上"中国赢了"；德国《明镜》周刊则用拼音印上"Xing Lai（醒来）"。这倒值得中国人冷静想想：赢了什么？醒来做甚？

其实，在这赞扬的后面藏着西方一些坚持冷战思维的人的不甘和敌意，他们另有所图。只要读一读特朗普上台后推出的《美国国家安全战略》报告就会知道，他们已经给中国扣上了两顶帽子——"战略竞争者"和"修正主义国家"，大有兴师问罪之势。

40多年前中国开始改革开放，西方一些人暗暗高兴。中国人在"摸着石头过河"，他们却已为中国设计好了一条路：把中国引入西方的市场经济，在这过程中为中国培养一批具有西方理念的精英。待到他们理想的中产阶层壮大起来，就会要求按照西方的模式来改变中国的社会主义制度。一旦得逞，中国就落成了这样的国家：在政治上陷入党派对立与斗争，便于西方操纵；在经济上成了西方原料、劳动力的可靠供应地，同时也是让西方商品畅行无阻的最大市场。

但是，我们坚持走自己的中国特色社会主义道路，虽然"中国崩溃论"不绝于耳，但我们走通了，赢了。西方极度失望，以致患上了"战略焦虑症"。美国著名学者马丁·雅克（他前几年出了一本书《当中国统治世界》）最近写道："中国作为一个全球大国的崛起，关系到一切。西方习惯于这样的思维，即世界是它的世界，国际社会是它的社会，国际机构是它的机构……普世价值观是它的价值观……如今情况将不再如此。"

所以美国现在要强调"战略竞争"了，航空母舰在我们周围晃来晃去，还要加强贸易保护主义。他们说中国要修正美国主导的世界秩序。世界上有万年不变的秩序吗？联合国是美国主导创立的，美国尊重它了吗？美国说要把驻以色列使馆迁到东耶路撒冷，结果联合国128票（其中包括美国盟友）谴责，35票弃权，只有7票支持美国，美国尊重多数票了吗？

  中国醒了，赢了，准确地说是赢了又一个大回合。中国要在共产党的领导下坚持走好新时代中国特色社会主义道路，为世界做出榜样。西方想要遏制中国，我们不怕。中国人民现在有"两股气"：坚持追求人类命运共同体的正气和已经站起来、富起来和强起来的底气。只要我们把自己的事情办好，在今后一个又一个回合中，中国还会赢的。

我们是怎么走过这一百多年的

读了《端纳传》更使人明白，只有有了共产党的坚强领导，人民的力量才能像"沉睡地下的火山"一样喷发出来，荡涤污泥浊水，让中国自豪地屹立在世界的东方，正越来越成为人们羡慕的榜样。

读完厄尔·艾伯特·泽纳根据口述写成的《端纳传》（英文原名《中国的端纳》），不禁掩卷长叹，感慨良多，愿写下来与读者交流与讨论。

感慨之一是，近100多年来我们的祖国和前辈遭受了太多的苦难，能走到今天是多么的不容易啊！威廉·亨利·端纳是英国人，1875年生于澳大利亚，1903年受香港《德臣西报》的聘请到香港，不久便访问了广州。那时还是晚清政府，他看到了什么呢？满街破衣烂衫、形容枯槁的穷人，垃圾堆蒸发出的臭味叫他张不开嘴。最令他惊恐的是堂堂的总督衙门口有两口大尿缸，男人撩起长衫就毫无顾忌地方便起来，习以为常。

他心想：难道就因为这个民族历经五千年的历史沧桑，她的动脉与生殖机能都已衰竭，心脏停止跳动，皮肤枯皱了吗？他在回香港的航途中写下了这样一句话："什么时候中国搬走了大尿缸，中国才谈得上进步。"

感慨之二是，中国积贫积弱，但在帝国主义列强看来，却是一块可以任人宰割的大肥肉，各国都在争夺。日本是个后起的强盗，眼红心狠，迫不及待。

书中记录了他到香港前不久与英国驻日本神户《纪事报》记者沃森的一次谈话。他要沃森谈谈对日本和中国的印象。沃森直截了当地说日本狡猾阴险、虚伪透顶。他警告说："千万别相信他们！他们说的每句话，你都得怀疑，要老盯着他们。"由于沃森的开导，端纳对日本一直怀疑和厌恶。正是有了这种精神准备，所以他准确地预言了日俄战争，也预言了日本一定会侵占中国。他早已觉察到日本国内的战争情绪"已在城市、乡村、银行家和农民中煽动起来"，1931年9月18日，日本动手了，他准确地判断说："这是进军的开始。这是田中奏折所绘制的道路的第一步。"

田中奏折是当时的日本首相田中义一1927年7月25日呈给天皇的奏折，明言"欲征服中国，必先征服满蒙；如欲征服世界，必先征服中国"。战后日本有人声称找不到田中奏折原文，便狡辩说是伪造的，上面的那些话实际上是日本军部的人写的。其实这并不能为自己开脱，因为日本的所作所为正是按照这个既定方针办的。

2015年4月安倍刚刚访问了美国，就在美国国会装模作样地说，日本"对于过去那一场战争表示痛切反省",极力要让美国人相信日本已经吸取了历史教训,今天已深爱和平。且慢!安倍先生,你必须先回答:"过去那一场战争"是什么战争?为什么不痛痛快快地说"那一场侵略战争"?如果不是侵略,日本还反省什么呢?再说,光反省而不真心道歉行吗?

日本有人说,事情都过去这么多年了,为什么中国人、韩国人等还揪住不放?其实,中国人早就想让这一页翻过去了,但日本当权者就是不认罪,不认罪就意味着还可能犯罪,中国人民和世界人民能放心吗?今年是二战胜利75周年,读读《端纳传》回顾那段历史,大有裨益。

感慨之三是,应该想想我们是怎么走过这艰难困苦的100多年的,中国人民到底是怎么站起来的。上面说到沃森谈了对日本的看法,接着他又对端纳谈了对中国的看法,他说那时的中国一团糟,"在巨大财富与污泥浊水中翻滚"。但是同时他又感到:"那里有的是力量,像沉睡地下的火山,表面虽然麻木不仁,前途却无可限量,令人莫测高深,有一副慷慨激昂的气概。"沃森又说,"中国需要有人给它施加点压力,得有人去掌握它。"我的理解是,他是说中国人需要有个好领导。

端纳虽然是个西方人,但从本书看,他确实同情中国人,真心想帮帮中国,办法是想让中国走欧美的道路。他帮过孙中山,但他看着孙中山受袁世凯之命,在地图上画铁道线,梦想在10年里建10万公里铁路。端纳只能暗自苦笑。

他帮过袁世凯，但看到他用金钱和枪杆子对付象征民主的国会，最后竟要称帝，令他彻底幻灭。他帮过张学良，觉得这个年轻人思想开放，是个可教之材，可是，张学良刚说了点实话，做了点实事，便成了蒋介石的囚徒。

他也帮过蒋介石，当过他的顾问，真是尽心尽力，但一次次的谏言都等于白说，官场的腐败令他忍无可忍。一天，一个当大学校长的美国人（我猜是司徒雷登，书中没有点名）对端纳说："得有人告诉宋家蒋家，该收敛一下了。他们的家族在外汇市场赚了大笔的钱。老天爷，他们真不懂得一点羞耻。"端纳立即去了蒋氏官邸，拉着他的好朋友蒋夫人，用平静但又尖锐的口气说，全国人民怨声载道，特别是恨某位大官的夫人。一向对他亲切友好的蒋夫人大发雷霆，冷冷地说："端纳，你可以批评政府中的任何事情，但有几个人你不能批评！"端纳脸上滚烫地离开了蒋宅，很快离开了中国。

后来他在菲律宾当了日本的俘虏，好在没被认出来。日本投降后他自由了，但得了严重的肺病。1946年蒋夫人接他到上海，11月在上海病逝。去世前他向记者泽勒口述了自己的一生。终其一生，他都同中国密切相关，甚至亲自参加过辛亥革命。他想让中国走欧美的道路富强起来，但是一次次碰壁，一次次失望，一直没找到真正可以让中国好起来的力量和领导人。

端纳出于自己的局限性，不相信共产党，但他没有想到和看到的是，真正让中国人站起来的正是共产党。有了共产党的坚强领导，人民的力量像"沉睡地下的火山"一样喷发出来，荡涤污泥浊水，让中国自豪地屹立在世界的东方,正越来越成为人们羡慕的榜样。当然这个过程不是请客吃饭,不是绘画绣花,不可能那么温良恭俭让,也犯过很多错误,但是,中国人民毕竟走过来了。

在此二战胜利 75 周年之际,我们更理解这句话的分量:"落后就要挨打,腐败就要灭亡。"前人开创的事业来之不易,千万不要断送在我们手里。继往开来,前程一定无限辉煌。

大考得高分　判卷全球人

新型冠状病毒悄然而猛烈地考验中国，中国答题，全球判分，评卷的标准是什么？朋友们的心里有杆良心秤，而西方的手里也拿着自己的尺子。

正当全球经济低迷而中国仍以世界第一的高速高歌猛进的时候，正当我们满怀信心今年夺取脱贫攻坚战的最后胜利的时候，一场新型冠状病毒悄然而猛烈的袭击不期而至，使我们在全世界人民面前突然面临一次大考。现在我们可以满怀信心地说胜利在望，也可以从世界人民的目光中看看我们考得怎么样。

大考得高分

旁观我们考试的有各式各样的人。朋友们为我们担心，很多人伸出援手，礼薄情重。世卫组织给了我们很高评价，认为中国以果断的行动为世界赢得了时间。而在西方，幸灾乐祸者有之，冷言冷语者有之,更有人跳出来恶语中伤,恨不得中国经受一次"切尔诺贝利时刻",然后带着自己的思想和体制一起灭亡。

1986年4月26日,在苏联的乌克兰发生了切尔诺贝利核电站爆炸事故,西方认为这次事故是标志苏联解体的分水岭。澳大利亚广播公司网站2020年2月27日的文章说,"在西方看来",这次应当是中国的"切尔诺贝利时刻",灾难会像当年苏联那样,成为中国加速"解体的转折点"。结果怎么样呢?正如这篇文章的标题所说:"如果到头来是中国共产党给我们都上了一课,那可咋办?"文章说,事实证明,中国的社会主义制度具有"独特的体制优势",中国共产党交出的"公开答卷",西方世界即便想抄,"其实并不是那么好抄"。在充满偏见的西方媒体中,这篇文章确实是清醒之作。

耳听为虚,眼见为实。2020年2月16日,世界卫生组织的13名专家来中国五个城市考察,其中一位来自美国,他就是美国过敏症和传染病研究所副所长克利福德·莱恩。他在回国后接受《科学》杂志采访时还难掩惊讶之情。他说:"我从未到过中国。我对中国城市现代化程度以及我们访问的许多地方的高科技程度,真的感到很吃惊。中国疾病预防控制中心的多媒体简报室设备高大上,令人印象深刻。"

那位记者有意要问关于"人权"的问题,说世界上有人批评中国封城和进行电子监控,他告诉记者:"向隔离的中国人问了问题,回答通常都是:'我们在做出自己的一份贡献。'我们问道:'你还能忍受多久?这真的挺不容易。'回答都是:'需要我们隔离多久,我们就隔离多久。'"这就是中国人对所谓"人权"问题的回答。

《纽约时报》2020年3月13日刊登了驻北京记者伊恩·约翰逊《中国为西方争取了时间，西方却浪费了》的文章。他的亲身经历是：在北京机场登机时接受了两次"强制性的体温检测"，还提供了邮箱地址和两个联系电话号码（这或许侵犯了"人权"？）。但在伦敦出机场时，什么检查都没有，只是收到一张印刷单。这意味着如果有感染者入了境，当局也找不到他。文章说，很快欧洲和美国也都被本地新冠病毒的传播速度"惊"到了，股市的下跌惊心动魄。

文章还说，西方偏执于中国的政治体制，而低估了中国经验对他们的价值。中国并不完美，在疫情初期有点"笨手笨脚"，但很快就采取了行动，且迄今为止比许多所谓"民主选举"产生的领导人都果断。

文章认为，需要承认的是，中国的一些失误并非政治体制造成的，他们出于对公共利益的严重关切而推出了一些政策，并由"高度称职的部门来执行"。

是的，中国在突如其来的闭卷考试中并没有考满分，但我们考得的分数令世界欣羡，而那些本来想看中国笑话的国家，拿到了中国的答卷也照抄不了。

以什么判卷

中国答题，全球判分，评卷的标准是什么？朋友们的心里有杆良心秤，而西方的手里也拿着自己的尺子。它们的尺度耳熟能详，无非是民主啊，自由啊，人权啊。他们有一种"语言霸权"，一说到西方，马上有一个标签："西方民主国家"；一说到东方，也有一个标签："东方专制国家"。

美国著名学者弗朗西斯·福山是一个挥舞这种尺子的人，他在20世纪90年代初提出了一个风行一时的论断——"历史的终结"，意思是人类在苏联解体后已登上了最后的高峰，从此资本主义的议会民主制度和自由市场经济这两样东西将统治天下，历史再也不会有新东西出现了。衡量世间一切的尺度便是这两样东西。中国要改革开放吗？好啊，你们就乖乖接受这两样东西吧，以便"融入世界主流"。西方一直就在用这种尺度来衡量中国。但是中国不听那一套，向西方开放和学习，但坚持走中国特色社会主义的道路。

福山毕竟还是一位学者，他一直在留心和研究学术象牙塔外的风云变化。2001年发生"9·11"，紧接着美国攻打阿富汗和伊拉克，很快2008年西方发生金融危机，形势大变。这种"终结的历史"并不美妙，反而乱象丛生。于是福山在2014年9月底推出了一本新书《政治秩序和政治衰败：从工业革命到民主全球化》，把资本主义的演变史理了一遍，把已抬上圣坛的"民主与市场"放一放，提出了"善治"这个概念。他有点羞答答地称，民主当然好，但作为一个政府来说，最重要的还是要治理好。治理好的三块基石是：强大的政府、法治和民主问责。这就把西方原来的尺度模糊化了。

从学术的观点来看，这实在也算不上什么创新，只不过是把西方神吹到天上去的、经常拿来对别人横加指责的教条放到了地上，有点无奈地说：民主不民主，自由不自由，还得看政府治理得好不好。这本来就是地球人都知道的常识，大家就是这样看中国的，看了这次大考，不得不佩服中国领导人的洞察力、决策力、动员力和执行力。

梅花香自苦寒来

2020年2月3日，《华尔街日报》发表了《中国是真正的"亚洲病夫"》的抹黑文章，引起了国内外的强烈批评。回想起来，100多年前中国还有另一个屈辱的称号，那就是"一盘散沙"。100多年过去了，中国共产党成立到明年就满100年了，一方面，西方还在不断抹黑中国共产党领导的中国和中国人民，另一方面，随着中国的不断强大，西方已不可能一手遮天蒙骗天下。当世界人民看到北京一声令下，全国立即总动员，要人有人，要物有物，火神山、雷神山医院就在"神"速中建成，中国医务工作者成了最美"逆行者"，中国志愿者甘愿奉献，不计报酬，真是惊天地、泣鬼神！人们自然要问：这些为什么会在中国发生？

美国行政情报评估网站2019年底发表了黑尔佳·策普－拉鲁什写的文章，题为"中国成功模式的秘密"。作者写道："遗憾的是，美国和欧洲的大多数人对中国及其拥有5000年历史的文化知之甚少，容易描绘出一幅完全歪曲的中国图景。"中西之间最本质的区别之一"就是（中国）几千年来社会的共同利益高于个人不受约束的权利。这背后存在着一种信念，即只有国家整体好，个人和家庭才会好"。她还写道，"建议阅读《习近平谈治国理政》两卷本，这些讲话体现了中国政治家政治光谱的哲学深度和广度，以及他对中国历史和外国文化的了解。他正在寻求一种真正崭新的共存模式，即'人类命运共同体'。"

现在西方不少人，要么鼓吹"中国崩溃论"，要么鼓吹"中国威胁论"，英国社会科学院院士马丁·阿尔布劳年初撰文说："中国构成的挑战并不直接针对西方。它是中国对自己的社会管理有方的结果。""中国的社会治理已经形成了真正的解决方案，它取决于党和人民的关系。"

美国外交学者网站2019年11月16日发表了加拿大和澳大利亚两位访问学者的一篇文章，题为"中国规则如何走向全球"。原文提要是："从人权到善治，中国规则正在扩大，西方国家政府如何回应？"

文章讨论了人权标准。中国认为，国民首先要有吃有住，满足了基本物质需要才能有条件考虑其他权利。文章说："毋庸置疑，中国的做法带来了成功。据世界银行说，自1978年以来，中国已令8亿多人摆脱了极端贫困。中国人执行政策时非常注重务实，而与之形成鲜明对照的是，西方采取形而上的态度，全然不顾解决紧迫社会问题及经济挑战的实用性。"

梅花香自苦寒来。中国共产党领导有传统美德的中国人民，经过近一百年的艰苦奋斗，前仆后继，流血牺牲，现在才空前接近实现中华民族伟大复兴的宏伟理想。经历了这次新冠病毒大考，我们更加坚定地相信：只要我们保持道路自信、理论自信、制度自信和文化自信，我们就没有克服不了的困难，没有战胜不了的各种挑战和敌人。

政治安全的根本保证是坚持和完善党的领导

一个国家的政治安全首先指的是这个国家有没有一个英明、坚强的领导,从而可以带领人民在和平、安定的环境中不断发展经济,提高生活水平,妥善解决国内外不断遇到的种种问题和挑战,并在国际上发挥与自己的国力相称的积极作用。

100多年前,清廷的昏聩和腐败把中国逼入绝境,许许多多爱国志士奔走呼号,尝试用种种办法来救中国,演出了一幕幕可歌可泣、可敬可叹的历史悲剧,但依然在混乱中摸索。直到1921年中国共产党成立,才开始逐步找到了一条正确的道路,经过数不清的艰难曲折,付出了极为惨痛的代价,在1949年建立了中华人民共和国。这是一个推翻了皇帝和军阀、赶走了帝国主义和买办的真正的人民政府。毛泽东总结得好:"领导我们事业的核心力量是中国共产党,指导我们思想的理论基础是马克思列宁主义。"

我国现在政治安全面临的根本问题,是能不能坚持并完善这个核心力量，能做到这一点，中国就不怕大风大浪，就一定能从一个胜利走向另一个胜利。而如果这个核心力量懈怠了，腐败了，脱离广大老百姓了，那么不管有多少豪华的摩天大厦，不管有多少外汇储备，都会毁于一旦，使国家重新陷入混乱和内斗之中，任由外国肆意宰割。这不是危言耸听，看看苏联殷鉴不远，我们岂能重蹈覆辙？

中国共产党领导的合法性毋庸置疑

在我们看来，西方有人提出这个问题是滑稽可笑的。中国是联合国安理会的常任理事国，难道还存在什么合法不合法的问题吗？但西方偏偏不断有人说，中国的政府不是用西方的程序普选出来的，党领导政府是不合法的。而我国有一些所谓的精英也不断用这种说法来攻击党的领导，多少混淆了一些人的视听。

坦率地讲，中国共产党的合法性首先是用枪杆子打出来的。"枪杆子里出政权"，这才有了中国今天初步繁荣富强、不受外人欺负的舒心局面。翻开中外几千年的历史，你能找到哪个国家是一人一票选出来、安安稳稳坐江山的？

美国的建国不是打出来的吗？不打，现在还是殖民地。法国保皇党与革命党的斗争反反复复，血腥异常。英国虽然不像法国那么惨烈，但也斗来斗去流了不少血。是的，后来它们都经过漫长的演变建立了多党议会民主，自以为是世间最合理合法的政治模式，但两百年来的历史能说明这种模式真正可以给人民带来他们想要的东西吗？殖民地的血泪和两次世界大战都是在"民主"的说教中进行的。不否认西方议会民主是人类在一定历史时期、在西方那个区域的一次可贵尝试，有进步，有成功之处，同时也有严重缺陷。今天西方有许多人开始明白了这一点，觉得强制推广这种民主很可怕，只要看看今天的伊拉克就知道了。

硬要用西方的"民主程序"来评判中国的社会制度，无异于嘲笑不吃面包的人都是不肯吃饭。各国有各国的情况和条件，各国的种种尝试都是合理合法的。谁也不能悬空双脚跑步，路要自己走。中国也不是不学西方。清代有人民代表大会吗？你有什么理由说人民代表大会同西方议会因为不是一个模子里铸出来的，便不是一个议事机构，便不合法？

中国在中国共产党领导下实行人民代表大会制度具有毋庸置疑的合法性，符合中国国情，得到广大人民拥护，别人是骂不倒的。至于今天人大有种种不尽如人意之处，那是确实存在的，也是要不断完善的，别人提点意见和建议当然欢迎，若要全盘否定则听君自便。另外，合法性更体现在政绩上，要看人民满意不满意，这个道理很浅显，你能说创造了世界奇迹的中国政权是不合法的吗？

为什么西方顽固地"逢共必反"

在西方资本主义国家看来，共产党做的事情是违背天理、惊世骇俗的。他们的天理是：个人发财天经地义，私有财产神圣不可侵犯。当列宁领导的苏维埃在世界上第一次真正建立公有制的社会时，一夜间没收了大资本家的财产，这简直是犯了天条，所以 14 个资本主义国家联合起来，鼓动白军叛乱，企图一下子把这"新生的怪胎"扼杀在摇篮里。

奇怪的是这个新生儿如此顽强，得到了广大人民的爱护，后来竟然把一个用木犁耕地的贫穷落后的俄罗斯，建成为打败希特勒、发射世界上第一颗人造卫星的国家。西方不得不转而采取表面上"和平共处"，实际上以冷战和和平演变来瓦解这个国家的政策。

西方"逢共必反"是它的本能，是永远不会改变的，只是它的手段发生一些变化而已。所以，我国的政治安全不可寄托在西方的洗心革面上，寄托在他们的善意上。我们只有不断推进我们的事业，国家昌盛，人民满意，政策适宜，那么不管西方动什么脑筋，出什么花点子，我们都不怕。共产党就是要逐步建立大公的社会，这是我们的"天命"，即历史使命，因此命定这是十分艰难的，不但要推翻一个旧世界，还要建设一个新世界，注定会遇到激烈的反对。当一个共产党员，就要自觉承担起这个历史使命。如果谁觉得太艰苦，谁就可以不加入党。如果抱着升官发财的目的来参加这个党，实际上是来破坏这个党。党组织也要不断地把这样的人清除出去。

要说明的是，中国共产党已经经历了革命时期，现在已经是执政党。现在的历史任务是改革开放，为了发展经济，鼓励个人致富，保护个人合法所得，保护私有财产，这是已经写入宪法的。同时，党坚持以公有制为主体、多种所有制共同发展的方针，这是社会主义初级阶段的必经之路。事实证明，中国是个广阔的天地，一切有志之士都可以在这里大显身手，不但个人事业发达，同时又尽到社会责任，共同实现振兴中华的中国梦。

中国共产党会不会垮掉

共产党如果完成了自己的历史使命，就会自动退出历史舞台，这个前景还很遥远，也是最好的结局。另一种可能性一直存在，第一代领导人经常提醒当心亡党亡国的危险，丝毫也不能麻痹。

当前共产党最大的危险有两个：第一个是我们的政策是否符合实际，能否达到我们预想的效果。我们正在走前人和别人从来没有走过的路，新情况层出不穷。毛泽东教我们的办法是：情况明，决心大，方法对。真正做到很不容易，失误也在所难免，所以要摸着石头过河。第二是腐败。改革开放以来一批所谓的"能人"大显神通。如果考察干部只看政绩甚至只看形象工程，不看他用了什么手段，就会用错人，渐渐地让党变质。有些人入党就是为了方便做官，并不知道什么理想信念。长此以往，党的名称未变，实质已经变了。当前反腐大得人心，这说明老百姓的不满已到了相当严重的程度。反腐一定要坚持下去，常抓不懈，有贪必抓，这不但不会损害党的形象，反而会提高党的威望。值得考虑的是政策问题。30多年来积累的问题和案件不少，不可能一扫而光。是否可以学习香港廉政公署曾采取过的一个做法，他们在抓了一些大老虎之后发布公告，规定当事人若主动投案全数退赔，可以免予追究刑事责任，给他一条出路，这可减少对社会的冲击力，也可减轻执法的成本。

我们对付得了西方和平演变的"阴招"吗

经过了朝鲜战争和越南战争，美国知道要在军事上战胜、摧垮中国已不可能，从尼克松访华开始，美国已把重点放在"和平演变"上。改革开放之初，美国和西方国家充满期待。他们希望随着市场经济的确立，中国不断增强的中产阶级一定会争取政治上的权力，从而形成对抗和替代中共的政治力量。30多年过去了，他们感到很失望，经过多次民意调查，发现中国的中产阶层虽然也有诸多不满，但绝大多数拥护中共，不希望乱，希望中共完善自己的领导。

这是问题的主要方面，但也存在另一方面，那就是西方的"阴招"还是有很大影响的，若不认真对待必然要出大问题。曾有几位大学毕业生在一起议论移民，除对雾霾、腐败和教育不满外，他们还有一个很重要的理由是：西方是世界的主流，中国现在还没有融入主流，将来一定会动乱。他们相信西方已是诚信社会，中国遍地是假，所以要带着孩子去进入主流社会。这些人都有相当不错的工作和收入，但对祖国说走就走。他们似乎也不考虑是谁培养了他们，是在祖国当个主人好，还是去外国给别人打工好。我不反对移民，但担心的是思想上不要真的做了别人的俘虏，跪着做人。

中国人一直在被别人洗脑，不知不觉把歪理奉为真理。从"西方中心论"开始，我们一些人就自觉比别人矮一头，巴不得处处去同别人"接轨"。"瞧人家！"常常是一些人在很不屑于现实时的口头禅。我们确实有许多地方比不上人家，但我们确实也有许多连西方也惊叹的成绩，如果思想垮了，就永远别想真正站立起来堂堂正正地做中国人。

戈尔巴乔夫一宣布苏联共产党解散，整个党就散了。冰冻三尺，非一日之寒，这是西方天天宣传"自由""民主"，天天咒骂苏共独裁、不人道的结果。一旦思想垮了，作风垮了，组织上垮掉只在一瞬间。

欲败一国必诬其君，欲灭一国必改其史

西方的阴招主攻两个方向，一个是领袖，一个是历史。只要把毛主席诬蔑成一个暴君，那么中国的一切都是在暴君统治下发生的，从井冈山到延安到北京，统统都得否定，中国革命和建设还能剩下什么？与之紧密相连的就是历史，暴君统治下发生的事还值得肯定吗？

有些人自觉不自觉地做了西方的枪手。他们热衷挖掘"真实的历史"。把一些在我们党史中否定过的、承认错了的东西，用工笔画一样的手法细细地描写和渲染，形成一种十分黑暗恐怖的画面，仿佛我们几十年的奋斗都是在这么一种恐怖中进行的。

不可否认，共产党是在不断摔跤中顽强前进的，了不起的是那种百折不挠勇往直前的高昂的精神，知错就改、改弦更张的精神。环顾全球，找不出有第二个像中共这样优秀的党、这样优秀的党的领袖，这是我们事业繁荣昌盛的基本条件。要不断宣传领袖，要入小学课本。

列宁说得好，鹰有时会飞得比鸡低，但鸡永远飞不到鹰那么高。不管毛泽东晚年犯了多大的错误，但他改变了中国，把一个站起来的中国交给了后人，他是中国难得的英雄，世界罕见的伟人。不管泼多

少墨水，都改变不了这个铁的事实。

历史，包括史实和史论两部分。过去的事情很多，可以为各种观点提供数不清的真事，问题是你怎么看。你是抱着总结经验教训以利后人的态度来写历史呢，还是用几个事例来把共产党骂倒、骂死？这就是立场问题，每个写历史的人都有立场，纯客观的历史是根本不存在的。

在民主问题上糊涂不得

美国一心"挥鞭以驭天下"的那条鞭子就是"民主"。它的"民主"好得不得了，有责任把世界各国都变得像它一样"民主"。这在30年前很能唬人，但近几年情况颇为不妙。中东人民说："石板上种不出玫瑰花。"美国民主在那里制造了灾难。而美国国内的民主也颇不争气，名声已不像以前那么响亮。但是美国一定要"己所欲，施于人"，千方百计塞给别人。

中国有一些人总把美国人说的话当圣旨，不管拿没拿美国的钱，总是一个劲地鼓吹在中国"一步到位"。我们在这个问题上糊涂不得，一旦采取"一选了之"的态度，想要再回到有序民主的稳定局面就难了，那时只能等着让别人看笑话了。西方肯定会拉一圈人，打一圈人，明一套，暗一套。美国的一位副国务卿打电话明确支持乌克兰的某个人当选，此人后来果然当选了。这个电话被录音播出后，似乎美国人没感到什么不自在，照样我行我素。

民主是个好东西，这没错，但如何实行民主，离不开这个国家的实际情况，世界上没有万能钥匙。另外，自西欧启蒙运动以来，西方一味强调张扬个性，这有反封建的积极的一面。但人的个性里可并非尽是善，也有恶。如果个人欲望高扬，而社会制约缺乏，就会给社会带来大问题。现在西方头痛"民粹主义"，就是一味张扬个性的结果。投票的人都要求当选人满足自己的一切欲望，如一时达不到，支持率马上下降，试问世间有哪个人能满足人的一切欲望？连上帝都做不到。在民主问题上西方已走入死角，现在只能勉强维持，未来如何不好说。我们讲民主，也讲集中，讲自由，也讲权威。历史会证明谁的更高明。

适应互联网新情况加强新闻报道队伍

现在的许多年轻人已不把报纸和电视作为了解信息的主要来源，而是用手机和电脑。互联网上的信息五花八门，通过微信一秒钟就可以传给几十、几百人。这个渠道太重要了，若不闻不问，可能会发生预料不到的情况。

第一，我们随时掌握手机上不断翻新的信息吗？打个比方，军队打仗有个作战室，里面有最新的军情动向，供指挥员随时了解和决策。我们的宣传机关是否也应有这么一个二十四小时值班的"舆情室"呢？有了情况可以迅速做出反应。

第二，现在主流媒体的记者编辑是正规军，形成主旋律，起着引导舆论的重要作用。但这还不够，还需要一支善于用非主流语言、非主流写法的突击队和游击队，以应付来自三教九流、狂夫偏才的所谓

"自媒体"。他们中绝大多数不是坏人，也并非都是恶意，但也确有许多谣传、恶搞、俗品等。光靠堵是堵不住的，要以疏为主，以堵为辅，巧妙地加以引导，向上引，向善引。有时只要几句揶揄，几声玩笑，几个问号，就化解了。这个本事似乎"不入流"，但对方在用，市场很大，影响很大，逼着你要增加本事。

第三，我们的许多网站以点击率为工，只求轰动，不问社会效果，有的只求有趣，甚至越过了道德底线。记得鲁迅先生曾经写过：一味追求奇闻趣事，肉麻刺激，有趣是有趣了，开心是开心了，但国家也就完了（大意）。如果任由低俗的东西、恶搞的东西占满孩子们的脑袋，他们会成长为什么样的人？长大了在社会上起什么作用？神圣被解构，正经被嘲笑，英雄被丑化，世间还有什么浩然正气？还有儿童看的动画片，整天打打杀杀，你骗我，我算计你，难道要孩子们成为那样的人吗？文化，文化，文而化之，作者要负责任。自己头脑要清楚，要多学点本事，否则只能无奈地看着别人主导舆论阵地了。

中国为什么行

中国为什么行,最根本的是因为有中国共产党的领导,对此西方难以理解,或根本不想理解。中国行不行,不但要看过去和现在,还要看将来。现在世界面临百年未有之大变局,中共正领导中国人民书写新的更辉煌的篇章。

近十来年,西方不少人无法否认中国在经济建设上创造了人类历史上的奇迹,开始提出"中国为什么行"的问题,虽然心里不服,也想探个究竟,但总想不明白。当然,"中国威胁论"和"中国崩溃论"依然大有市场。面对百年未有之大变局,我们确也需要思考一下这个问题。

两千年来中国是怎么从行变成不行的

在西方人写的著作中承认,中国在清朝中期以前的漫长岁月里,GDP一直占了世界的大头,中国的丝绸、瓷器和茶叶等是西方的畅销产品。在17、18世纪西方启蒙思想家的眼里，中国的文化、道德、治理等都是他们的老师，伏尔泰（1694—1778）在《风俗论》中写道："如果说曾经有过一个国家，在那里人们的生命、名誉和财产受到法律保护，那就是中华帝国。"他还称赞了中国的文官科举制度。

值得思考的是，有一段时间，国内一些人猛烈抨击秦始皇以及他建立的中央大一统的政治制度，用近代西方"民主""自由"的概念来否定中国两千年的历史。他们的目的主要不在"非古"，而是以此为全盘西化制造舆论。可以设想，若不是秦始皇统一中国、废诸侯建郡县，中国今天也可能像欧洲一样有几十个国家，别的不说，就说如何利用黄河、长江之水，也一定闹到不可开交。

到了康雍乾盛世，中国皇帝确实沉迷在"老子天下第一"的帝国梦中。"夷人"送来的（"上贡"）钟表、枪炮、仪器等不过是"奇技淫巧"，不值一提。他们要外国使者磕头。这些历史确实说明了老大帝国的昏聩，根本不知道西方的启蒙运动和工业革命。但有一种说法也值得注意，有些人说：中国拒绝了西方的"自由贸易"，所以造成了后来的割地赔款。不对！当西方帝国主义不明老大帝国底细的时候，他们是"文明"的，一旦知道中国内里已经腐朽，他们就要动刀动枪来宰割了。

近代中国历史，就是一部觉醒史、救亡史。

这个世界还会好吗

鸦片战争后一代代志士仁人都在寻找救国的道路和办法，主张或改良，或变法，或共和，或请"德""赛"两先生……在洋人船坚炮利的威胁下，当时有一股思潮，认为中国的一切都不好，只有全部改成西方那样就好了。然而现实却不是这样。

1918年农历十月初四，梁漱溟先生的父亲梁济老人与儿子议论时局后说了一句："这个世界会好吗？"便出了门，三天后投湖自尽。这位前清官员是比较开明的，并不反对共和，而是对共和后的乱象极度失望，他看到从全国选举出来的精英名士，不敌袁世凯的银元和枪口。不是说只要共和了就一切都好了吗？

梁漱溟回答父亲的问话说："我相信世界是一天一天往好里去的。"他想从乡村建设来改造中国，但到1937年卢沟桥事变后，他眼看"全国有一种崩溃之象"，"我对他（蒋介石）很失望，对南京政府很失望"。于是半年后他到延安看看，"我想看看共产党是不是有办法，一去，看到他（毛泽东）完全不悲观，我是悲观地去的，他告诉我，没有问题，中国非有这样一天不可，非有这样一个大灾难不可……这个时候，他正在写《论持久战》"。毛泽东还对他说："我对你要说一句要紧的话，你要读（恩格斯的）《反杜林论》。"

"沧海横流，方显出英雄本色。"很清楚，在时代的洪流中，在历史的紧要关头，中国的中流砥柱到底在哪里。中国共产党在危难中诞生，在人民的选择中壮大，肩负的是历史的重托，历史已证明她不负众望。中国人民庆幸有了这样一个领导核心，从根本上改变了一盘散沙的局面，抬起了屈辱的头，真正站起来了。

新中国成立后头 30 年被有些人说成"不行"

旧中国为什么"一盘散沙"？旧照片显示，八国联军攻打北京城门时，一大群老百姓在一旁看热闹。他们不爱国吗？可是，洋人打一个不爱百姓的朝廷，关他们什么事？还有百姓卖粮卖菜给洋人的。虽然是中央集权，但是百姓还是团聚不起来，关键是朝廷不是人民的政府。

人民政府在哪里？人民的政府在井冈山、延安诞生。在美国人马克·赛尔登写的《革命中的中国——延安道路》一书中，他写道："生活于新的政治制度中的农民大众，破天荒第一次自豪地谈论：'我们的政府'，而不是以往将政府视为与自己无关或者令人恐怖的东西。"美国著名汉学家费正清在他的著作中也写道："那里（延安）是一个人人想去的、充满阳光的、愉快和和蔼的地方。那里的革命士气和热情非常令人感动，正如斯诺和其他美国记者向世界报道的那样。"

毛泽东形容进北京是"进京赶考"。为人民服务就是赶考的目的和情怀。中国共产党领导中国人民走一条前人从未走过的道路，新中国成立之初百废待兴，国外有战争威胁，但从 1949 年到 1979 年交出了一份令世界感叹的答卷。这是新中国的"原始积累"时期，我们没有海外掠夺，没有殖民地，只能不断摸索，苦干加巧干，建立起了门类基本齐全的工业，基本上解决了温饱问题，并自豪地自立于世界民族之林。

经济学家认为，白手起家创业时，第一桶金 100 万需要 10 年，从 100 万到 1000 万只需 5 年，再从 1000 万到 1 亿，只需 3 年就够了。由于是一条新路，在探索中摔跤是难免的，走错几步的可能性是很大的，但回过头来看，总的来说路走对了，大厦的基础打好了。正如哈佛大学教授裴宜理所说："中国经济腾飞的基础是毛泽东打下的。如果没有毛泽东，中国经济不可能取得如此辉煌的成就！"

当心有人否定大厦的基础，一旦基础被否定，整座大厦就一定会倾倒。

改革开放 40 年的奇迹是怎么得来的

即使是仇恨中国的人，今天也无法否定中国创造的奇迹，在探问中国为什么行时，很多人都没有讲到点子上。有人说儒家学说滋育的中国人聪明勤劳勇敢，这没错，但儒家学说两千多年了，为什么一百多年前不行呢？有人说中国"下载"了资本主义的几个关键的软件，所以步入快车道。我们确实向资本主义学习，但从不照搬，不是西方至今还说我们是"修正主义国家"吗？特朗普说我们偷了他们的专利和技术，这明显不符合事实，再说，若自己没本事，想"偷"还偷不来呢。现在中国的 5G 技术比美国还先进，偷得来吗？

2019 年 8 月 27 日，美国民主党总统参选人伯尼·桑德斯接受采访时说了几句大白话，引起很大关注。他首先批评中国"在许多方面走向更专制的道路"，接着说："但我们不得不为中国及其领导层说句公道话，如果我没记错的话，中国在解决极端贫困方面比文明史上的任何国家都取得了更大的进步，他们为人民做了很多事。"但他还是不忘提醒中国：如果"转向更民主的政府形式，它可以做得更多"。

我们姑且把这称之为"桑德斯悖论":中国是专制的,是坏的,但中国为人民做了很多好事。这不是自相矛盾吗?他们不明白:正是他们认为"坏"的方面,往往就是我们的长处。中国共产党在这方面十分清醒。他们现在给我们加了一顶"国家资本主义"的帽子,说他们的"自由资本主义"无法同我们竞争,显然没有说到根本上。中国学习经典,但从来不迷信经典。实事求是是我们的最大法宝。

民主问题是西方的一张牌。西方的启蒙运动有进步性,也有欺骗性。资产阶级向封建贵族要自由、平等、博爱,待到得势,却不同无产阶级真正讲自由、平等、博爱。马克思和恩格斯很早就看到作为哲学革命、政治革命的启蒙存在很大的局限性,他们强调实际和经济,深入到英国工人群众中去,并从实践中创立了历史唯物主义。

帝国主义从来就没有真正讲自由、平等、博爱,他们做的与说的是两套。他们抨击别国不民主、不自由都是有自私目的的。但这种欺骗性正在快速下降,因为大家都看到了用暴力或颜色革命建起的"民主"到底给人民带来了什么。

在改革开放初期,颇有些人相信"民主至上""市场至上",想迎合西方,把中国"融入世界主流"。中国共产党头脑清醒,不走闭关锁国的老路,也不走改旗易帜的邪路,坚持走中国特色社会主义的道路,才赢来今天的大好局面。

坚持共产党领导,不忘初心,不断完善治理机制,防止腐败和懈怠,把中国特色社会主义的事业进行到底,这就是我们成功的秘诀。

中国要在百年未有大变局中乘势前进

中国行不行,不但要看过去和现在,还要看将来。当前出现百年未有之大变局,这是谁都否认不了的。2019 年 8 月 27 日,法国总统马克龙在一年一度的外交使节会议上叹息"西方世界霸权终结"了,"现在一切都变了,一切都被西方所犯的错误和美国政府(不仅仅特朗普政府)近些年来的选择所颠覆"。"同时,我们又忽视了新兴国家的崛起,其影响被低估了。中国已走在世界前列……"

在谈到变化的原因时,他说:"扭曲的市场经济导致严重的贫富不均和两极分化,也打乱了我们的政治秩序。"

当前大变局的本质是:资本主义以个人赢利为最高目的的经济和政治制度已走进了死胡同,社会矛盾已相当尖锐;同时,中国坚持走中国特色社会主义道路已初见成效,在很大程度上改变了世界格局。世界正站在十字路口,既有可能西方国家内部改革,改弦更张,接受合作共赢,共同发展,也有可能西方资本主义在狂热中激化矛盾,毁灭世界。

2019 年 8 月 31 日,享有盛誉的美国耶鲁大学高级研究员、新马克思主义的重要代表人物伊曼纽尔·沃勒斯坦在写完他的第五百篇,也是最后一篇评论后去世了,享年 89 岁。这篇评论的题目是"这是结束,这是开始",文中坦言未来是不可知的,"有可能但并非绝对肯定的是,某人或某群体将会运用 1968 年的综合历史经验实现转型","我过去说过,我认为最重要的斗争是阶级斗争,这是在非常宽泛的定义上使用阶级一词"。1968 年正是法国红色风暴的一年。

中国道路

这位终生为穷人伸张正义的可敬的老人去世了，他留下了告诫，但也坦言存在各种可能。旧的世界正在结束，新的世界正在开始，一切都充满了不确定性。2019年4月9日，美国右派的"应对当前危险委员会：中国"在华盛顿成立，会上有人扬言："只要共产党执政，就没有与中国共存的希望。"当然美国也有另一种声音。在这紧要的历史关头，需要世界上所有明白人共同努力去争取人类的光明未来。人类命运共同体的理念已广为传播，但如何才能用它克服资本的野蛮性，尽可能比较平稳地走向历史的彼岸，这是对全人类的考验。作为人口最多、发展势头良好、正走在正确道路上的中国责无旁贷。但我们不当头儿，只用自己的榜样引领世界。

稳妥地处理好中美贸易战就是现实的考验之一。一方面把自己的事情办好，增强实力，抵制威吓，使别人不敢轻举妄动；一方面以"天下为公"的思想思考问题，团结绝大多数，尽量缓和矛盾，管控分歧，争取实现合作共赢。当然同时也要做好应对最坏可能的准备。

中华民族伟大复兴是我们的第一步，任务尚未完成。人类命运共同体是长远目标，是人类的发展方向。既高瞻远瞩，又脚踏实地，不断完善自己，自强不息，这样的中国，一定行！

中国道路和中国治理的世界意义

制度肯定是很重要的，但判断一种制度和一个政府优劣的标准，主要不在于它的形式和程序，而是看它解决实际问题的能力，以及老百姓对这种解决结果满意不满意。

当资本主义来到世间，资本的力量便无孔不入，正如马克思早就指出的，整个地球就成了一个大市场。回顾近两百年来，中国开始想闭关锁国，过自己的安稳日子，但办不到，洋人的坚船利炮打破了消极避世的美梦，被不由自主地冲到世界的大潮流中。我们是怎么从被动挨打走到今天在世界上扬眉吐气的呢？中国走的这条道路和治国理政的经验有什么世界意义呢？

中国之谜的谜底是什么

很多外国人一直觉得中国是个谜，为什么有那么多同样境遇的国家发展不起来，或发展得不理想，而中国却成功了，不是一般的成功,而是创造了"人类历史的奇迹"。别人走几百年的路,中国在短时间里走完了。

近 200 年来,中国人做了两件大事。第一件是从列强瓜分中国的虎口中挣脱出来,摆脱了殖民地半殖民地的枷锁,真正站起来了;第二件大事是中国坚定不移地走社会主义道路。这条路,在西方看来是违背"主流"的,是死路一条,而中国却走得有声有色,令西方瞠目结舌。哈佛商学院教授、《再造国家资本主义》一书的作者奥尔多·穆萨基奥曾说:"它们(很多国家)不再把美国视作榜样。所有人都在看着中国。"

很多外国学者试图概括中国成功的经验,但大多没有说到点子上。什么"国家资本主义""专制统治加市场经济"等,其实中国之谜的谜底很简单,那就是因为有了中国共产党,而且一开始就有了以毛泽东为代表的第一代卓越的领导人作为中国人民的中流砥柱,抗风击浪,昂然挺立,不怕牺牲,排除万难,取得了自立于世界民族之林的权利和能力。

现在有极个别人对中国的这一段历史采取虚无主义的态度,有人竟然说:"如果当时中国执行一条'孙子'战略,随便搭上哪一条顺风船,或许现在的中国会强盛得多。比如追随美国,可能我们今天就是日本。"难道乖乖地当"孙子",主子就会让你平起平坐啦?已经领先的帝国主义国家是决不允许你平平安安地发展资本主义,最后成为它们的竞争对手的。美国不是把一度出头的日本打得缩回去了吗?中国曾诚心诚意地向西方学习,但老师却总是欺侮学生,这才激发了中国人民决不当"孙子"而要堂堂正正做主人的呐喊。中国共产党的诞生就是这种民心民潮奔涌激荡的产物。中国共产党不负众望,领导人民实现了这个梦想。不管有人如何巧舌如簧,花样百出,都改变不了一个铁的事实:是中国共产党领导中国人民站起来了!

在完成了第一件大事之后,中国共产党一刻也没有停歇,马上着手第二件大事,即实现中华民族的伟大复兴,让中国强起来、富起来。不是少数人的富,而是共同富裕。毛泽东指明了道路:"只有社会主义才能救中国!"毋庸讳言,我们取得了辉煌的成绩,也犯过严重的错误。但可贵的是,中国共产党总是遵从人民的意志,已一次次从错误中走出来,集中大家的智慧,又领导人民"柳暗花明又一村"。对于这一点,很多外国人很羡慕,特别是处于动乱中国家的人民。

据中国前外长李肇星的回忆录,他2004年与戈尔巴乔夫在飞机上相遇,问起他沧桑变化后的感想,为什么当年苏联的改革最终落到如今的地步,戈尔巴乔夫的回答很干脆:"我们那里没有个邓小平。"西班牙《对外政策》刊登过西班牙资深外交官欧亨尼奥·布雷戈拉特·奥维奥尔斯的一篇文章,题为"共识、顺序与节奏:过渡处方"。文章写道:"戈尔巴乔夫在他的回忆录中援引俄罗斯政治学家安德拉尼克·米色格拉尼扬的话说:'只有在强有力的专政权力下,彻底的经济改革才能成功。'因为强有力的专制权力有能力将改革强加于旧体制创造的利益之上。"文章还说,"苏联共产党因为改革派的急于求成和鲁莽无知而摔得粉身碎骨"。

中国有毛泽东，有邓小平，有一代代优秀的领导人，他们都不仅仅代表个人，而是人民的代表，是人民愿望和意志的集中代表。他们深深地爱中国人民和这一方土地，人民也从心底里感谢他们。当然，他们的领导能力、学识、智慧和风格，也是不可替代的。时势造英雄，英雄也会推动时势向好的方向加速前进。他们作为榜样仍在激励后人更加奋发有为，在新的历史时期创造新的辉煌。

外国人怎么看中国的治国理政

我们的国名是"中华人民共和国"。要知道，中国是亚洲第一个共和制的国家，也就是没有皇帝和国王、要由人民当家作主的国家。可惜从1911年到1949年这38年中，新的制度一直处在艰难的诞生过程当中。1949年10月1日"一唱雄鸡天下白"，我国在短短几年里就明确了：我们的国体是人民民主专政；我们的政体是人民代表大会制度。在1954年通过的第一部宪法中，这些都有明确的表述。我们讲"依宪治国"，是讲依照中国宪法，不是极少数人头脑中的"美利坚合众国宪法"。

由于根深蒂固的政治偏见和冷战思维，西方一直把共产党和社会主义视为洪水猛兽，必欲置之死地而后快。正如英国《金融时报》2014年8月13日刊登克里斯托弗·莱恩的文章所说："中国政治威权主义与国家资本主义的结合令人不安，原因是它挑战了美国模式的自由主义民主和自由市场资本主义的所谓的普适性。""美国建立在例外主义、自由主义思想和开放观念等基础之上的政治文化，是影响美国接受复兴的中国的一大障碍。"

其实,中国从来没有主动去挑战美国,而是美国从自己的观念和利益出发容不下中国。从50年代的封锁到70年代改为"遏制与接触",一直到现在软硬兼施、"和平演变",硬要把中国"融入主流",美国右翼一直顽固不化,现在又在嚷嚷"脱钩"了,而中国却一直在不断变革之中。

事实胜于雄辩。既然中国这么"坏",可为什么中国越变越好呢?法国《回声报》2014年11月24日刊登该报评论员文章说:"要知道,正如埃里克·伊兹拉莱维奇10年前在一本畅销书中所说的'中国改变了世界'那样,中国未来还将改变世界。"

在事实面前,一些人的看法也会发生一些变化。大名鼎鼎的弗朗西斯·福山在美国胡佛研究所网站2014年10月16日撰文说:"我认为将美国的外交政策置于中国要么垮台、要么民主化的假设之上是极其愚蠢的。当前,尽管中国中产阶级有所抱怨,且中国短期内面临困难,但他们还是非常支持中国共产党继续执政。""更重要的是,我们低估了中国民族主义崛起给政府带来的合法性程度。中国共产党对于它凭借一己之力扭转了数百年的屈辱、令中国再次强大这一事实毫不隐讳。这也是大多数中国人似乎接受并引以为豪的事情。"他对美国政府的劝告是:"我们必须根据目前的实际情况,而不是我们希望它未来的样子,与中国打交道。"

确实,中国选择的道路和中国治理方式不但没有像有些人一次又一次预测的那样早就"崩溃"了,反而经受了历史的考验,已从"摸着石头过河",变得越来越成熟,越来越制度化、系统化了。正如美国知名学者裴宜理(E. J. Perry)在《狄德勒斯》杂志2014年春季号上刊文所说:"中共中央政治局和美国国会这两种截然不同的治理机构,实际上需要面对同样的问题,同时也都需要面对来自意识形态和实际操作两方面的重大考验。仅仅从理论层面预测其政治制度将在未来某个时刻发生重大变革,从而忽略或漠视中国解决全球性问题所贡献的努力,将是极为不明智的。"

坦率地讲,现在美国遇到的问题和困难不比中国少,不仅仅是"需要面对同样的问题",比如发展经济、增加就业、对付金融腐败、妥善解决福利待遇、完善医保制度、鼓励创新和创业、保持社会安定,还有反对恐怖主义、解决环境污染和气候变化等,都需要两国的合作而不是对立和冲突;而且,中国不存在美国在伊拉克和阿富汗等地遇到的问题。到底谁能应对得好一些呢?

法国《费加罗报》2014年11月3日刊登经济学家兼历史学家尼古拉·巴韦雷的文章,他对上述问题的看法是:"美国仍有许多巨大的优势,包括对人才的吸引力、其风险文化和创新能力等。美国并没有将21世纪的领袖地位拱手相让。但是,在经济模式之后,美国也必须改变其政治制度。首先,因为如果没有一个强大的国家作为保障,任何经济都不能持续保持优势,并产生强大的辐射力。其次,是因为中国——她是在用两条腿走路:一方面,中国的政权是改革的主要动力,它能实施一些长期的战略;另一方面,中国的经济活力十足,社会的创新能力也越来越强。"

是的，制度肯定是很重要的，但判断一种制度和一个政府优劣的标准，主要不在于它的形式和程序，而是看它解决实际问题的能力，以及老百姓对这种解决结果满意不满意。

中国近些年来的变化已引起国外很大关注。美国《华盛顿邮报》2014年10月27日刊登一位副教授的话说："中国正在发生变化。最初的反腐运动已经演变为更大的事件。中国共产党正在实行中央集权，大力宣传地方官员的自我批评，号召在公共生活中树立新的道德风尚。""这种新的模式要求正直的官员以传统的、尚德的方式管理国家。"

《习近平谈治国理政》一书已用多种外文出版，在国外引起很大反响。美国圣托马斯大学政治系主任乔恩·泰勒写道："以'治国理政'为书名抓住了问题核心。是否具有良好、有效的治理，是关系到中国愿景能否实现的一个主要因素。"墨西哥前总统路易斯·切维里亚·阿尔瓦雷斯在"十分认真地阅读"之后说："我坚信，未来是光明的，中国有能力建设令国际社会羡慕的和谐社会。"

中国治理扎根于悠久的中国文化

美国建国才200多年，到现在也只有3亿多人口。它治理的是一块得天独厚的富饶土地，还有两大洋作为它的安全护卫。美国的治理经验和理论有它宝贵之处，但也只是这个特定时空的产物，如要普世，先要想想它的特殊性。

中国已有5000多年的悠久历史，在这么漫长的时间里，执政者和老百姓都一直在思考如何管理好这个国家,很多想法同西方是不一样的,"汉家自有制度"。比如,英文中的"Country""Nation"和"State"都翻译成中文的"国家",可是,这同中国人心目中的"国家"并不完全相符,那三个字里都没有"家"的概念。

马丁·雅克是对中国有深入看法的聪明人。他在英国《金融时报》网站2014年10月22日撰文说:"在西方,民主是政权合法性的唯一来源,这已经几乎成为一条公理。但这是错误的。中国这个国家的合法性深藏在其历史中。在中国历史上,'家'和'国'是两个最重要的系统。至少在两千年的时间里,国家被视为中华文明的维护者和化身。这是其合法性的重要来源。""这个国家其他一些特征也同样有着深刻的根源。这些特征包括对能人治国的强调、强大的国家机器以及用家庭概念来理解国家与人民之间的关系。"

马丁·雅克看到了中国人常常讲的"家国情怀",也就是"修身、齐家、治国、平天下"。当官的要如《诗经》云"恺悌君子,民之父母",而老百姓则要保持家庭和睦,必要时又要舍家报国。这种情怀,绵延几千年未曾断绝,是十分宝贵的。当然我们颂扬这种精神,并不是赞成封建主义的"一言堂""家长制作风",现代的民主观念是必须同时发扬的。在现代社会,儿子是可以批评老子的,只要有理,但批评的同时也要尊重老子,除非这个老子太不像话。要把握好度,这是最要紧的。

2014年12月12日至13日,"软实力"的提出者约瑟夫·奈来到山东曲阜孔子故居。这件事本身就挺有意思,值得琢磨。参观后他对陪同者讲了一段意味深长的话:"一些国外的学者认为中国是市场列宁主义的威权国家,但是中国经济发展又很好,这让他们很不解。非洲、南美的一些威权国家发展很差,有些甚至是失败国家。为什么中国好,可能就是因为中国文化。中国文化决定了中国发展的道路。"

我们要继承并发扬优秀的传统文化和近百年的革命传统,保持坚定的"文化自信",这是先人留给我们的无价之宝,学好了,再加上吸收外国的优秀文化,我们就会更加充实自信,更加大有作为。

"人类命运共同体"写入联合国文件

"人类命运共同体"既是千秋大业,又是救世良方。我们既要目光远大,又要实事求是。未来一定属于头脑清醒而步子稳健的人们。

正当世界乱哄哄、"黑天鹅"频飞、西方惊呼"这个世界让人看不懂"的时候,习近平主席2017年1月18日在联合国总部发表了《共同构建人类命运共同体》的演说,真可谓登山一呼、迷途指津,吸引了全世界的目光。仅仅过了23天,这个理念就写进了联合国文件。

2月10日,也就是我国元宵节前夕,联合国社会发展委员会第55届会议以协商一致的方式通过了"非洲发展新伙伴关系的社会层面"决议,《呼吁国际社会本着合作共赢和构建人类命运共同体的精神》,加强对非洲经济发展的支持。

3月1日,中国在人权理事会第34次会议上代表140个国家发表了题为《以促进和保护人权,共建人类命运共同体》的联合声明,引起了广泛共鸣。

3月17日，联合国安理会以15票赞成一致通过了关于阿富汗问题的第2344号决议，强调应本着合作共赢精神推进地区合作，有效促进阿富汗及其地区的安全、稳定和发展，构建人类命运共同体。

3月23日，联合国人权理事会第三十四次会议通过了关于"经济、社会、文化权利"和"粮食权"两个决议，明确表示要以"构建人类命运共同体"为目标，着手解决面临的许多紧迫的问题。

据联合国社会发展委员会第五十五届会议主席菲利普·查沃斯介绍，在通过2月10日的决议之前，包括俄罗斯、法国、美国、芬兰、墨西哥、阿根廷和波兰的46个委员会成员在磋商时，普遍认同了"构建人类命运共同体"的理念，并一致同意把它写入联合国决议，由此可以看出，这确实是人心所向。

进入21世纪，期盼和平与发展是世界人民的共同愿望。没料到从"9·11"到伊拉克、叙利亚战争，从恐怖主义到难民潮，从2008年的金融危机到现在的长期经济低迷……人们看到的是动乱和不安。世界怎么了？我们怎么办？

习近平主席在2017年1月18日的演讲中说："回答这个问题，首先要弄清楚一个最基本的问题，就是我们从哪里来、现在在哪里、将到哪里去？"正是具有这种审视五千年、纵横八万里的气度与目光，才能说出这样坚定而明确的话来："中国的方案是：构建人类命运共同体，实现共赢共享。"

人类在原始社会，共同狩耕，共同生活。进入阶级社会后，私产助长私心，人与人之间存在压迫与剥削的关系。但人们内心里还是期盼"天下为公"，"老吾老以及人之老，幼吾幼以及人之幼"。古梵语中有一句话"VANUDHAIVA KUTUMBAKAM"，意思是"世界一家"。基督教的《圣经》也说："上帝子民和睦而居，何等美好，何等畅快。"我在印度工作时参加过穆斯林的开斋节，那一天富人捐出钱来，请大家围坐进餐，饭后富人与穷人一起拥抱，互称兄弟。"我为人人，人人为我"是人类最朴素的情感。

要认清当今不公平的现实，可以从500年前看起，那时的资产阶级开始从国王和贵族手中争取政治权力，高呼的口号是"自由、平等、博爱"。工匠和城市贫民同他们一起奋争。但是，等到资产阶级成了统治阶级，就背弃了这伙同盟军。"自由、平等、博爱"的口号一直在喊，但在剥削与被剥削的两边，各有各的感受。

要认清当今的现实，还可以从100年前看起。2017年正好是俄国十月革命100周年。苏联在14个帝国主义国家联合围攻下屹立不倒，从使用木犁发展到发射世界上第一颗人造卫星，还成了当年打败希特勒法西斯的中流砥柱，这段历史不是可以被西方学者轻蔑地翻过去假装看不见的。当然，它在1991年解体了，其中的经验教训就不在这里讨论了。

要认清当今的现实，也可以从苏联解体一直看到现在。按说"历史终结了"，资本主义的头号敌人失败了，西方的日子应该很好过了。可是今天的老牌资本主义国家病得很重，家家有本难念的经。老的经不灵了，新的经不知在哪里。

在有核武器的今天，人类正站在一个十分紧要的十字路口：是在互斗中毁灭，还是在互助中共荣？是坚持以自我为中心的唯利是图的发展模式，还是逐步走向合作共赢的共享模式？这就是"人类命运共同体"呼之欲出的时代背景。

"人类命运共同体"既是千秋大业，又是救世良方。我们既要目光远大，又要实事求是。虽然前面还有许多坎坷、陷阱和风险，但未来属于头脑清醒而步子稳健的人们。

"人类命运共同体"的时代意义

各个阶级的人首先是人。既然生存是人类的第一需要,就要牢记自己活也要让别人活。别人活得好,自己才能活好。只有在改造客观世界的同时才能改造主观世界。时代在变,一代新人正在成长,人类命运共同体理念必将蔚然成风。

"人类命运共同体"既是志在高远的千秋大业,又是切中时弊的救世良方。这个命题的提出,是中国共产党领导中国人民针对当今世界的乱象贡献的中国方案,体现了中国胸怀、中国智慧和中国担当。人类已经走到了一个紧迫而关键的十字路口,既可以迈向十分光明灿烂、妙不可言的美好明天,又可能一步跌入互相厮杀、万劫不复的深渊,甚至是人类的毁灭。

在这重要的关头,如果中国清醒、挺住,世界走好,则中国幸甚,世界幸甚!

千秋大业脚下始

万丈高楼平地起,千秋大业脚下始。任何伟大的事业,不但要有远大的理想,也许更重要的是从当下一步步、扎扎实实地做起。回顾以往,因为急于求成而酿成灾祸的事例不绝于史。

当今世界充满了矛盾:阶级矛盾、国别矛盾、价值观矛盾、宗教和教派矛盾、民族矛盾、领土矛盾、原住民与移民的矛盾、代际矛盾、性别矛盾等,当然,还有一个隐藏在这诸多矛盾后面的利益矛盾,林林总总,不胜枚举。真可谓矛盾无处不在,无时不有。

对待矛盾无非两种态度:或激化而剧变,或缓和而渐变。到底激化好还是缓和好,不可能一概而论。打个比方,比如人身上生了一个小脓包,也许过几天被体内的免疫功能消解了,不治而愈,但也有可能过几天恶化了,非得开刀不可。前者叫改良,后者叫革命。何时改良,何时革命,只能依照客观条件的变化来决定。

用这种观点来观察当今世界,最理性的、代价最小的抉择是尽量用改良的办法来缓和、化解矛盾,最好不要激化到非用革命的手段不可。现在不是100年前,那时的暴力还只限于枪炮,而今天的暴力包括可让大家同归于尽的原子弹。如果人都死了,公理何在?公理何用?

正是基于这样的理念,"构建人类命运共同体,实现共赢共享"的中国方案应运而生,虽然正式提出的时间还不长,但已有了相当影响,并已体现在联合国的文件中。2017年2月初,联合国社会发展委员会在讨论决议时,包括美国、俄罗斯、法国、巴西、墨西哥、荷兰等46个委员会成员，一致同意"呼吁国际社会本着合作共赢和构建人类命运共同体的精神"，加强对非洲经济社会发展的支持。3月17日，联合国安理会以15票赞成一致通过关于阿富汗问题的第2344号决议，强调应本着合作共赢精神推进地区合作，以有效促进阿富汗及地区安全、稳定和发展，构建人类命运共同体。

这些事实说明"人类命运共同体"理念顺应民心，言简意赅，有很大的感召力和说服力，要比"自由、平等、博爱"更具体，更包容，更实用，更好推广。它不是一句空洞的口号，而是可以结合政治、经济、文化、教育、慈善、医疗、体育等具体项目去达到共同奋斗、普惠共荣的目的。它既站在道德的制高点上，又渗透进平民百姓的方方面面，对你死我活、赢者通吃的假恶丑的东西是一种义正词严的排斥。

从当前的国际形势出发，以下的事情要继续做好：

1. 中国强则天下安

最要紧的是我们要把自己的事情办好。坚持精神文明和物质文明一起抓。一方面，坚决保持国内稳定，保持较快的经济增长速度，特别要在科技创新方面取得突破性的进展，在完善中国共产党领导下的人民民主专政方面，有不断的进步。在互联网时代更要重视舆论导向。在提高人民生活水平和完善福利制度方面尽力而为，量力而行，照顾贫弱，不养懒人；另一方面，在国外坚持独立自主的外交政策，维护和改善世界政治和经济秩序，凭借"一带一路"项目，利用我国优势，为世界做出互利共赢的榜样。我们不是有求必应的慈善家，而是同外国人民一起艰苦奋斗的财富的创造者。只有中国强了,天下才安,因为中国从来不想去欺侮别人。汤因比看好中国的主要是两条,一是文化,二是才干。马克思主义中国化和中华传统文化的现代化要融为一体,比翼双飞。我们现在所处环境比若干年前强多了,但还应继续努力,牢记:有理由自信,有必要从容,胸怀千秋大业,做好手头工作。

2. 中美和则天下稳

西方不少人总用修昔底德陷阱的角度来看待中美关系,其实是很不贴切的。中美之间有两大矛盾,一是社会制度(包括价值观)之争,二是利益之争。美国新保守主义精英觉得支持中国改革开放吃了大亏,因为中国的社会制度并没有因为经济的发展和中产阶层的壮大而变成美国式的制度,相反中国人民对中国共产党领导的中国特色社会主义事业更有信心,更加支持,这使他们很失望。另一方面,在利益之争方面,以特朗普为代表的一批人认为推行全球化让美国吃了大亏,中国占了大便宜。这个账他们算错了,占了大便宜的正是美国。

在中美之间,一方面美国不会放弃所谓"把中国融入世界主流"的和平演变,另一方面则要在经济上施压,让中国给他们更多便宜。而且从趋势上看,前者的分量在缩小,后者的分量在加重。特朗普会讨价还价,那就耐着性子把谁也缺不了谁的买卖继续在互相砍价中做下去吧。只要中美还有买卖要做,就不会出什么大乱子。东海、南海、"台独""疆独""藏独"等都是它的筹码,并不是它愿意为了"原则"而要奋不顾身同中国大打一场的理由。美国一些有头脑的人都劝当政者自重。例如美国前国家安全顾问布热津斯基 2017 年 1 月 3 日著文说："美国不应该把中国当作敌人对待，重要的是，美国不应该把印度作为美国在亚洲的主要盟友加以偏爱。这十有八九会导致中国与俄罗斯拉近关系。对美国来说，最危险的就是这样一种密切关系。"中美关系应从长计议，不妨想想，它要"和平演变"中国，我们为什么不可以让美国"和平演变"呢？

3. 朋友多则天下和

我们坚持在和平共处五项原则的基础上同所有国家发展友好关系。多个朋友多条路，多个仇人多堵墙。朋友之间肯定也有利益之争，互谅互让、平等互利是命运与共的基础。现在我们与邻国有不少矛盾，很多历史遗留问题很难彻底解决，只好搁置争议，加以管控，缓和矛盾。当然对方蛮不讲理时，我们也决不示弱。大国不欺侮小国，小国也不能欺侮大国。

4. 生意旺则天下富

东南亚一度战火频仍，后来走向和平稳定，一条主要经验是把战场变成市场。各国之间多做生意，利国利民。老百姓的命运离不开市场，从原始的赶集到今天的电商，可以给千千万万个家庭带来生计和富足。为了做好生意，全球性的、区域的和双边的贸易协定必不可少，签约的困难无非是利益之争，如何舍小利而求大利，舍眼前利益而求长远利益，是一门很大的学问和修养，要日益积累经验。

5. 宗教和则天下宁

"伊斯兰国"的突现和恐怖主义的猖獗，给世界人民带来巨大灾难。宗教原教旨主义与人类命运共同体理念是完全对立的。再看到欧美的移民问题，更应引起高度警觉。按照亨廷顿教授的文明冲突理论，21世纪是基督教、伊斯兰教和儒家学说之间的矛盾和斗争。中国如何以人类命运共同体理念妥然引导矛盾的缓和而不是对立，需要极大的耐心和极高的政治智慧，同时也要防止引火烧身，造成不必要的损失。中国人在宗教问题上是个先启的民族，要保持自己的优势和定力。企业和人员走出去必须入境问俗，以自己的定力取长补短，不失自我。

6. 文化通则天下亲

互联网的出现加速了世界文化的交流、交锋和交融。中国文化要有自己的说服力和亲和力，要想想汤因比看重的是哪些中国文化，如何使之发扬光大起来。要涌现出一批世界公认的学贯中西的文化大家，写出一批杰作，提高中国文化的影响力。这不是一代人两代人的事情，现在就要抓紧做起来。

在改造客观世界的同时改造主观世界

人类命运共同体理念有一个绕不开的深层次理论问题，那就是它同人性、阶级性是什么关系。不同阶级的人能命运与共吗？

在阶级社会里，每个人身上都不由自主地打上了阶级的烙印，由于存在财富（包括生产资料和生活资料）的多寡、有无的差别，造成社会地位的差别，从而从总的方面决定着每个人对社会、对他人的态度。这种观点告诉人们：不应只从个人道德的角度来观察和分析问题，而是应从阶级社会这个大环境来探索人类的解放。一切社会问题都应归结为政治问题，而一切政治问题的核心是所有权问题。因此，人们关心的是如何推翻不道德的资本主义，而不是如何使资本主义变得更道德。

这种观点当然是很有说服力的。但是，人的正确认识从哪里来？只能从实践中来，从现实生活中来，而现实生活是在不断变化的，不能固守某种观点，要求现实生活一定按这种观点演变。国际共运近两百年来的现实生活已有了很大的演变，最大的变化是世界上出现了社会主义国家，而资本主义国家为了维护自己的生存不得不用社会福利来缓和阶级矛盾。现在老牌的资本主义国家已不是马克思、恩格斯当年目睹的原始积累时期的十分贫困悲惨的国家了，而是具有高度物质文明和相对健全的社会治理的国家。

当然，2008年金融危机之后，它们现在已陷入了晚期危机，将来如何变化，是革命的剧变，还是改良的渐变，那是它们要回答的问题，不是别人应该去替它们回答的问题。从全人类利益的角度来看，渐变付出的社会代价会小一些，老百姓吃的苦头和做出的牺牲会少一些。但究竟会采取何种方式，谁也说不好。北欧一些资本主义国家的社会状况比较好，如果能继续保持和改良下去，可以给别的国家很多启发，当然各国有各国的情况，一定会有各国特色的办法。

如何认识资本主义社会？如果我们深入考察一些企业，有的关系特别紧张，员工视老板为仇敌。有的老板紧盯着办公室里的员工是不是在电脑前忙碌，如果大家看上去都在认真地忙着，他就放心，却不料有的人实际是在偷偷玩游戏。有的企业却不一样,特别是一些新兴高科技企业,很多员工都有股份,他们自觉加班,根本不用老板盯着。如果说商品是资本主义社会的细胞,那么千千万万个企业便是社会的毛细血管,如果后一种企业蔚然成风,阶级的矛盾便不至于一定发展成阶级斗争,而是成为社会和谐的课题。

再说说人性。人之所以为人,他首先是人。在阶级社会里,便变成了某个阶级的人。某阶级的人,毕竟也是人,这是人的"类本质",白人黑人、穷人富人、这个宗教与那个宗教的人……及至男女老少,都是人。老百姓骂贪得无厌、凶狠残暴的某阶级的人,最凶的一句话是:"他真不是人。"所以大家都很珍视自己是人,不能"禽兽不如"。

按传统说法,人之所以变坏,是私有制造成的,导致贪婪和残杀。马克思相信,只要等到消灭私有制,到了天下为公的时候,人的私心随之也消失了。但弗洛伊德在1930年的著作《文明及其不满》对此有保留,他认为:"人类的命运问题在我看来,是人类本身的文化进程是否并如何能成功地控制住因人类的侵犯和自毁本能引起的公众生活的混乱。在这一关系中,我们正在经历的这一阶段也许值得关注。人类征服自然力的力量已发展到如此地步,他们现在能够轻易地互相消灭到最后一人。他们都清楚这一点——因此而有了目前的骚动、沮丧和忧虑。而现在可以预料,两种'天力'中的不朽的爱欲,会与其同样不朽的敌人一起全力保持自己。"他把人的侵犯和自毁说成是"本能的天性"。

人是从动物进化而来的,脱离动物界的时间并不长,身上还有动物性的影子。人之初,性本善和性本恶可以说是并存的,如何才可以克服动物性而成为高尚的人?恐怕只有一个办法:在改造客观世界的同时改造主观世界,从这一点看,马克思说的还是对的。

既然生存是人类的第一需要,大家就要牢记自己活,也要让别人活,别人活得好,自己才能活好。我们要实现人类命运共同体,必须在漫长的社会实践中使我们的社会更美好,从而培育一代又一代的新人,他们有新道德、新世界观、新风尚,人类命运共同体理念必然蔚然成风。美好的社会必须要有美好的人,有了美好的人才会有美好的社会。一个人人友爱、珍爱地球、衣食丰饶而不浪费的美好社会是一定会到来的。怀有"人类命运共同体"美好理想的人,正是从现实出发,一步步地向这个理想前进。很可能,人类会离它越来越近,但永远不可能全部实现,因为到那时,又有一个更美好的未来在前面招手了啊,对此我们现在还难以想象,只能永怀美好的憧憬!